U0882397

铁路桥梁结构设计算例丛书

# 简支劲性梁设计算例

吕佳欣　李晓煜　编著

中国铁道出版社

2012年·北京

**图书在版编目（CIP）数据**

简支劲性梁设计算例/吕佳欣，李晓煜编著．—北京：
中国铁道出版社，2012.3
（铁路桥梁结构设计算例丛书）
ISBN 978-7-113-14190-5

Ⅰ．①简… Ⅱ．①吕… ②李… Ⅲ．①铁路桥—简支梁桥—劲性骨架—
结构设计—设计计算 Ⅳ．①U448.212

中国版本图书馆 CIP 数据核字（2012）第 022072 号

**书　　名：** 铁路桥梁结构设计算例丛书
**简支劲性梁设计算例**
**作　　者：** 吕佳欣　李晓煜　编著

---

**责任编辑：** 张　婕　**电话：**（010)51873141　**电子信箱：** crph_zj@163.com
**封面设计：** 郑春鹏
**责任校对：** 胡明锋
**责任印制：** 陆　宁

---

**出版发行：** 中国铁道出版社(100054，北京市宣武区右安门西街 8 号)
**网　　址：** http://www.tdpress.com
**印　　刷：** 三河市华丰印刷厂
**版　　次：** 2012 年 3 月第 1 版　2012 年 3 月第 1 次印刷
**开　　本：** 880 mm × 1 230 mm　1/16　印张：3.75　字数：120 千
**书　　号：** ISBN 978-7-113-14190-5
**定　　价：** 16.00 元

---

# 前　言

劲性梁在桥梁界并不陌生，它与结合梁同属于复合结构，而养护上又归结到钢筋混凝土结构。目前我国劲性梁使用的虽不很多，但因为有简化结构，降低梁高等很多优势，所以有很好的发展前景。应用这项技术，更多地了解劲性梁的特点是这本算例的主要目的。

劲性梁（Steel Reinforced Concrete，简称 SRC 结构）通常称为外包梁。劲性梁的构造定义：将 H 形钢或者焊接 I 截面钢梁周围包上钢筋混凝土，使其成为一个力学整体共同抵抗外力。

劲性梁中仅钢梁的下翼缘板底面裸露在外，其余部分几乎全部预埋在钢筋混凝土内。正是有了混凝土的支护，钢梁在发挥主要承载作用之外，在使用上得到了诸多方面的改善。

1. 混凝土的保护，避免钢梁的压溃稳定问题，可以减小受压区翼缘板的截面，还可以略去加劲肋，简化结构；

2. 钢梁的绝大部分表面都预埋在混凝土内，可以节省涂装和涂装养护费用，降低造价；

3. 可以避免钢梁的噪声污染，保护环境；

4. 混凝土桥面板增加了劲性梁的刚度，减小结构的振动，提高乘客乘座的舒适度；

5. 梁低，可以替换既有线提速桥梁中的超低高度梁；

6. 因为梁低，不但美观和轻巧，而且可以增加桥下的净高。

因此劲性梁既保留了复合结构刚度大的优势，又克服了钢梁锈蚀、噪声、压屈稳定等弱点。

钢与混凝土的弹性模量比通常在 6 ~ 8，在同等梁高的情况下，劲性梁刚度完全可以等同于超低高度预应力混凝土梁。劲性梁的另一个优势是主梁可以充当施工支架，在架设现场可以省去脚手架和架桥机，显著缩短施工工期，降低施工成本。

若将混凝土比作人的肌体，钢筋比作人的韧带，钢梁可比作人的骨骼。那么在负重中骨骼的作用该有多大，不言而喻。当然除了上述优点之外，劲性梁也有两点不足：一个是造价比钢筋混凝土梁略高，另一个是结构计算配筋也相对复杂。

综上所述，正是因为韧性大、抗震性好、梁低、施工方便等诸多实用性优势，劲性梁特别适合用于建筑高度受限制的（城市）交叉路口的低高度梁。在精打细算的日本，劲性梁已经作为成熟的结构普及使用了几十年，从容许应力设计法到极限状态设计法，一点一点的发展起来。如今 SRC 结构已经和钢结构，钢筋混凝土结构，木结构并列称作为四大主力结构。在历次大小地震中，坚固的 SRC 结构都经受住了考验，成为耐震的样板结构。

我国在高层建筑领域采用过 SRC 结构，桥梁方面也有过劲性梁设计的记载。但是总体上来讲，应用的不多。编者本人曾有过九次劲性梁详细设计（极限状态法）及若干次概略设计的经历。鉴于我国国情，本算例仍采用容许应力法。希望以这种设计算例的形式将劲性梁加以推广。

注意：在参考本算例时，应依据相应规范进行严格计算，并酌情处理设计细节，不得完全生搬硬套。设计规范若有变更，应遵守新的条文规定。

本书是铁路桥梁结构设计算例丛书之一。若能借鉴算例进行实桥的设计，将是万分的荣幸。

编写内容中难免有不妥或疏漏之处，敬请读者批评指正。

编　者

2012 年 2 月

# 目　　录

# §1 设计条件

## 1.1 基本条件

形　　　式：双线铁路简支劲性梁
桥　　　长：　25.200 m
梁　　　长：　24.600 m
跨　　　度：　24.000 m
梁　　　高：　1.500 m
桥　面　宽：　10.800 m
线路中心距：　4.000 m
列车荷载：中—荷载
设计速度：160 km/h
道床类型：有砟道床
轨　类　型：60 kg 钢轨
线　路　数：双线
平面线形：$R=\infty$ m（直线）
纵断面线形：水平
桥面构造尺寸：轨顶～桥面板顶面的高度

| | |
|---|---|
| 钢轨高度(60 kg/m) | 176 mm |
| 枕木厚（含垫板） | 230 mm |
| 道砟厚 | 350 mm |
| 道砟垫层厚 | 60 mm |
| 排水坡厚 | 100 mm |
| 合计 | 916 mm |

环境条件：一般环境
桥面横向排水：2%
设计水平震度：$K_h=0.20$
支承类型：板式橡胶支座
防落梁装置：方形空心型钢

## 1.2 设计荷载

(1)一期恒载($D_1$)
钢　　　梁：78.5 kN/m$^3$
劲　性　梁：27.0 kN/m$^3$
钢筋混凝土：25.0 kN/m$^3$
木制模板：　7.5 kN/m$^3$
(2)二期恒载($D_2$)
混　凝　土：23.0 kN/m$^3$
碎石道砟：21.0 kN/m$^3$
声　屏　障：10.0 kN/m/每侧
60kg/m 钢轨：　0.6 kN/m/根
轨枕及扣件等：3.46 kN/根
轨枕数量：1 667 根/km

(3)列车活载($L$)

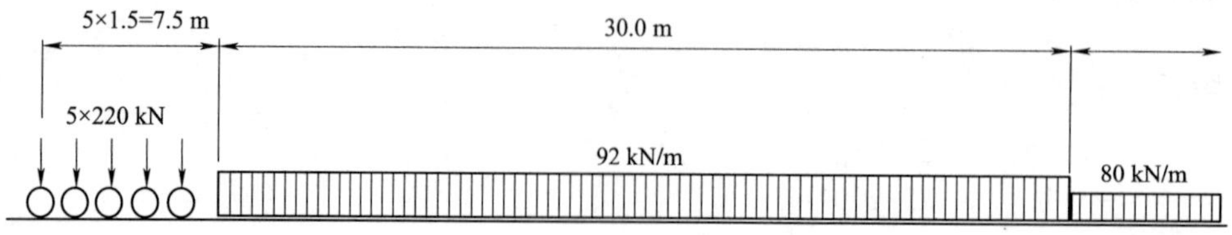


(4) 动力系数 $\mu$

$$\mu = \alpha \times \left(\frac{6}{30 + L}\right) \qquad \alpha \leqslant 2.0$$

(5) 温度变化

−5 ℃ ~ +35 ℃

(6) 混凝土极限压缩应变

$\varepsilon_c = 0.0030$

## 1.3 使用材料

混凝土强度等级: C45
混凝土弯曲受压容许应力: 15.0 N/mm$^2$
钢筋材质: HRB335
钢筋抗拉强度标准值: 335 N/mm$^2$
钢筋容许应力: 180 N/mm$^2$
钢梁材质: Q370q
Q370qE 屈服强度: 370 N/mm$^2$ $t \leqslant 16$ mm
355 N/mm$^2$ $16 < t \leqslant 35$ mm
330 N/mm$^2$ $35 < t \leqslant 60$ mm
高强度螺栓: 螺栓直径 M22
钢材弹性模量: $E_s = 210000$ N/mm$^2$
钢筋弹性模量: $E_r = 200000$ N/mm$^2$
混凝土弹性模量: $E_c = 34500$ N/mm$^2$
混凝土线膨胀系数: $\alpha = 10 \times 10^{-6}$ 1/℃

## 1.4 设计规范

《铁路桥涵钢筋混凝土和预应力混凝土结构设计规范》(TB 10002.3—2005) 简称:《混桥》
《铁路桥涵设计基本规范》(TB 10002.1—2005) 简称:《桥规》
《铁路桥梁钢结构设计规范》(TB 10002.2—2005) 简称:《钢桥》
《铁路工程抗震设计规范》(GB 50111—2006) 简称:《抗震》
《铁路钢桥制造规范》(TB 10212—2009) 简称:《制造》
《铁路轨道设计规范》(TB 10082—2005) 简称:《轨道》
《新建铁路桥上无缝线路设计暂行规定》 简称:《线路》
《高速铁路设计规范(试行)》(TB 10621—2009) 简称:《高速》

参考规范 《铁道构造物等设计标准·同解说　钢和混凝土复合构造物》 简称:《复合》
(2002 年 3 月,即日本平成 14 年 12 月)
《道路桥示方书·同解说　Ⅰ共通篇　Ⅱ钢桥篇》 简称:《道桥》
(2002 年 3 月,即日本平成 14 年 3 月)

## 1.5 符号说明

### 1.5.1 外力,内力

$M$ — 弯矩
$V$ — 剪力
$C$ — 劲性梁中混凝土承载力
$T_r$ — 劲性梁中钢筋承载力
$T_s$ — 劲性梁中钢梁承载力

### 1.5.2 材料容许应力

$[\sigma]$ — 钢材基本容许应力
$[\sigma_w]$ — 钢材弯曲容许应力
$[\sigma_0]$ — 钢材疲劳容许应力幅
$[\tau]$ — 钢材剪切容许应力
$[\sigma_b]$ — 弯曲受压时混凝土的容许应力

### 1.5.3 截面

FLG — 钢梁翼缘板
Web — 钢梁腹板
$A_{vc}$ — 劲性梁换算截面积
$I_s$ — 钢梁二次惯性矩
$I_{vc}$ — 劲性梁换算截面二次惯性矩

### 1.5.4 计算系数

$E_c$ — 混凝土的弹性模量
$E_s$ — 钢的弹性模量
$E_r$ — 钢筋的弹性模量
$\varepsilon_c$ — 混凝土压缩应变
$\alpha$ — 混凝土的线膨胀系数
$t$ — 温度变化
$\mu$ — 列车竖向动力系数
$\mu_0$ — 高强度螺栓连接的钢材表面抗滑移系数
$m$ — 高强度螺栓连接处的抗滑面数
$k$ — 安全系数
$n$ — 钢或者钢筋与混凝土的弹性模量比

## 1.6 设计概图

### 劲性梁设计概图

侧面图

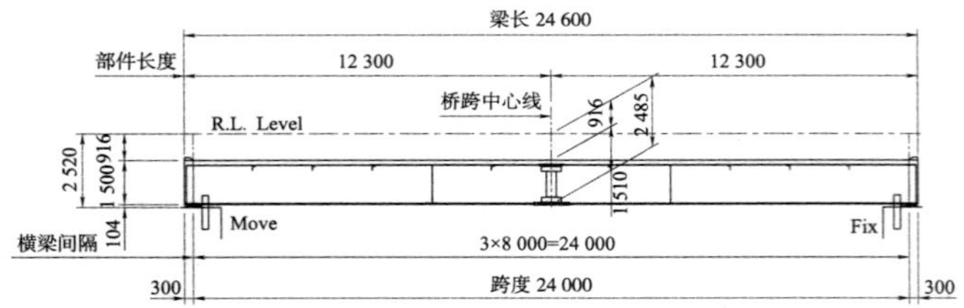


平面图

上平面　　下平面

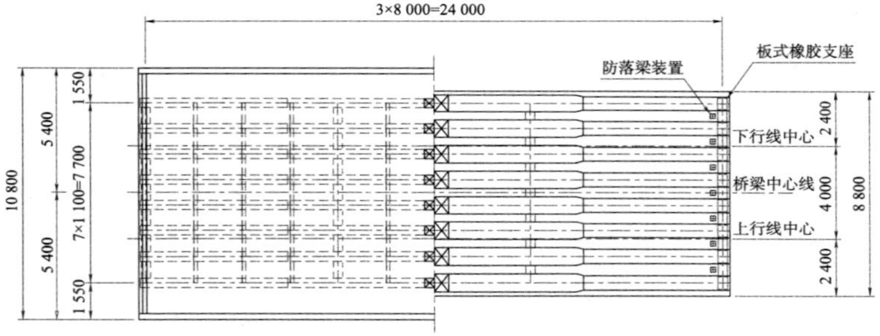


水滴详图

1 : 10

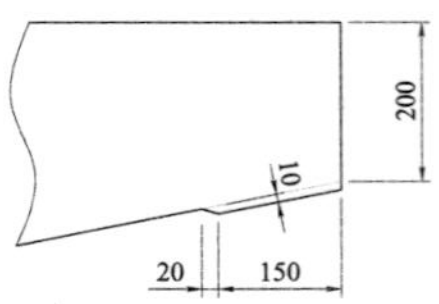


截面图

1 : 100

端部截面　　跨中截面

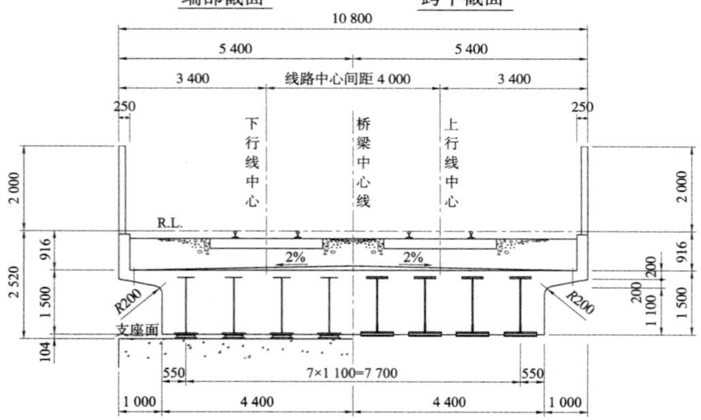


设计条件

| 线　　名 | 0000 线 0000 | | |
|---|---|---|---|
| 构造形式 | 双线铁路简支劲性梁 | | |
| 梁　　长 | 24.600 m | | |
| 跨　　度 | 24.000 m | | |
| 列车荷重 | 中—荷载 | | |
| 设计速度 | $v$=160 km/h | | |
| 道床类型 | 有砟道床 | | |
| 曲线半径 | 上行线：直线，$R$=∞m　下行线：直线，$R$=∞m | | |
| 斜　　角 | 90.0° | | |
| 声屏障荷重 | 10.0 kN/m | | |
| 温度变化 | −5℃~+35℃ | | |
| 支承类型 | 板式橡胶支座 | | |
| 环境条件 | 一般环境 | | |
| 混凝土材质 | 弯曲容许应力 | 最大水灰比 | 粗骨料的最大尺寸 |
| 桥面板(C45) | 15.0 N/mm² | 55% | 25 mm |
| 挡砟墙(C35) | 11.8 N/mm² | 55% | 25 mm |
| 钢材的材质 | 种别 | 屈服点 | 弯曲容许应力 |
| 钢　　梁 (Q370q) | $t$≤16 | 370 N/mm² | 220 N/mm² |
| | 16<$t$≤35 | 355 N/mm² | 214 N/mm² |
| | 35<$t$≤60 | 330 N/mm² | 204 N/mm² |
| 防落梁装置 (Q345c) | $t$≤16 | 345 N/mm² | 210 N/mm² |
| | 16<$t$≤35 | 325 N/mm² | 200 N/mm² |
| 钢　　筋 (HRB335) | 种别 | 抗拉强度标准值 | 容许应力设计值 |
| | | 335 N/mm² | 180 N/mm² |
| 净保护层 | 桥面板上面 | 桥面板下面 | |
| | 30 mm 以上 | 35 mm 以上 | |

设计规范

| | | |
|---|---|---|
| 铁路桥梁钢结构设计规范 | (TB 10002.2—2005) | (行业标准 2005.06.14) |
| 铁路桥涵设计基本规范 | (TB 10002.1—2005) | (行业标准 2005.06.14) |
| 铁路桥涵钢筋混凝土和预应力混凝土结构设计规范 | (TB 10002.3—2005) | (行业标准 2005.06.14) |
| 铁路工程抗震设计规范 | (GB 50111—2006) | (国家标准 2006.06.19) |
| 铁路钢桥制造规范 | (TB 10212—2009) | (行业标准 2009.05.22) |
| 铁路轨道设计规范 | (TB 10082—2005) | (行业标准 2005.04.25) |
| 高速铁路设计规范(试行) | (TB 10621—2009) | (行业标准 2009.12.01) |
| 铁路结合梁设计规定 | (TB J24—89) | (行业标准 1990.05.01) |

计算参数

| 挠度$\delta$ | 1/1 400 |
|---|---|
| 转角$\theta$ | 2.3×10⁻³rad |
| 固有振动数$f$ | 2.4 Hz |
| 材料数量 | |
| 钢梁重 | 80 t |
| 钢筋重 | 11 t |
| 混凝土体积 | 345 m³ |
| 模板面积 | 340 m² |

轨顶至支座底

| 项目 | 尺寸 | 小计 |
|---|---|---|
| 钢轨高(60 kg) | 176 | 916 |
| 枕木厚(含垫板) | 230 | |
| 道砟厚 | 350 | |
| 道砟垫层厚 | 60 | |
| 排水坡厚 | 100 | |
| 桥面板顶至钢梁腹板顶 | 176 | 1 500 |
| 钢梁腹板高度 | 1 290 | |
| 钢梁下翼缘板厚度 | 34 | |
| 支承垫板 | 22 | 104 |
| 板式橡胶支座高度 | 52 | |
| 无收缩性混凝土 | 30 | |
| 合计 | | 2 520 |

轨顶至跨中梁最底面

| 项目 | 尺寸 | 小计 |
|---|---|---|
| （同左） | | 916 |
| （同左） | 176 | 1 510 |
| | 1 290 | |
| | 44 | |
| 拼接板厚 | 24 | 59 |
| 垫圈厚度 | 6 | |
| 螺母高度 | 24 | |
| 螺栓余长 | 5 | |
| 合计 | | 2 485 |

附注：

1.本图尺寸均以mm为单位。
2.设计方法：容许应力法。
3.变形计算时，截面刚度按0.8 $E_cI$计。
4.Move为防落梁装置的活动端，Fix为固定端。

| 北京双豹子设计咨询有限公司 | | 工程名称 | 0000 | | |
|---|---|---|---|---|---|
| 设　　计 | | 24 m 双线铁路简支劲性梁设计<br>劲性梁设计概图 | | 图号 | 劲性梁-00-0 |
| 复　　核 | | | | 比例 | 1:200 |
| 专业审定 | | | | 日期 | 0000 |
| | | | | 第 0 张　共 00 张 | |

# §2 主梁设计

## 2.1 截面形状

截面示意图

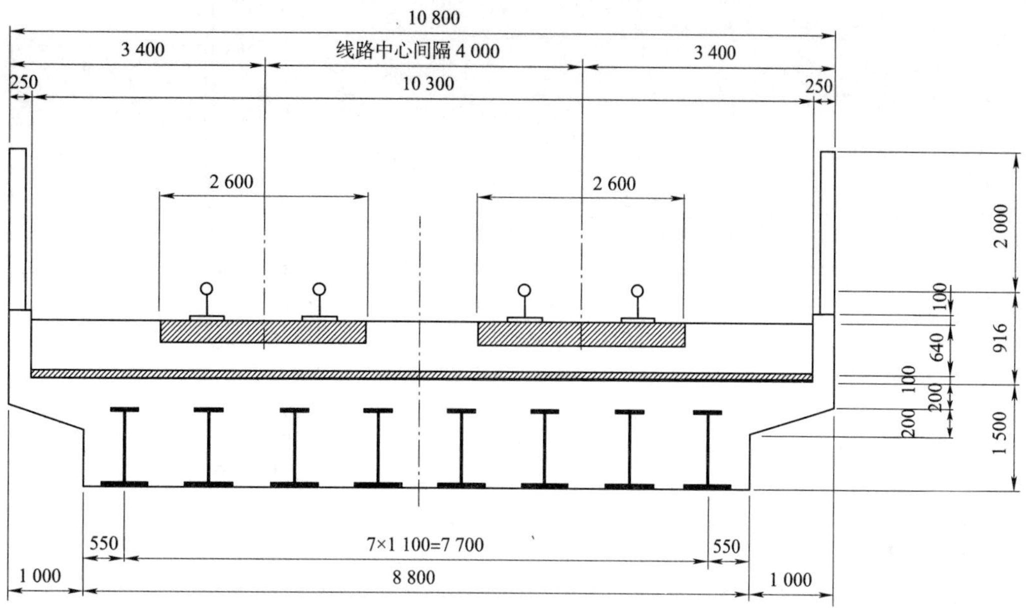


设计前提

(1)劲性梁的外力计算依据混凝土硬化前后而分为第一受力阶段和第二受力阶段。第一受力阶段的荷载为一期恒载,仅由钢梁承受。第二受力阶段的荷载为二期恒载和运营荷载,均由劲性梁承受。

一期恒载:混凝土硬化前的结构物自重,即钢梁、钢筋混凝土梁体、模板等质量。

二期恒载:混凝土硬化后的结构物重量,即排水层、挡砟墙、道砟、轨道、声屏障、模板等质量。

运营荷载:即列车活载、动力作用、长钢轨纵向水平力、离心力及附加力。

施工荷载:即一期恒载和施工临时荷载。

(2)劲性梁的单位容重 $W$ 计算如下式

$W = 25.0 \times (1 - \rho) + 78.5 \times \rho$

$\rho$ = 跨中钢梁截面积/劲性梁全面积

通常情况下 $W = 26.5\ \text{kN/m}^3 \sim 28.0\ \text{kN/m}^3$

(3)考虑到二期恒载中道砟重量的不确定性,道砟荷载计算时增加20%。

(4)由于劲性梁的横向刚度较大,所以横向附加力省略。

(5)桥面板的检算可参照同类算例《简支结合梁设计算例》,此算例不再重复叙述。

(6)参照《混桥》条文说明5.1.1,变形计算时,不计受拉区混凝土,截面刚度按 $0.8E_cI_{vc}$ 计算。

(7)一期恒载产生的外力,理论上应该采用格子梁进行解析计算,求解外梁与内梁的外力值。由于分配横梁的平衡作用,依据以往格子梁解析计算的结果,内外梁的外力值差别不大。所以可将格子梁解析简化成整体梁进行计算。

(8)截面检算时,偏于安全不计梗肋截面;而刚度计算时,考虑了梗肋截面。

(9)极限状态法设计在国外劲性梁设计中应用的极为广泛,有些国家已有近30年的设计累计并且逐步达到了成熟阶段。为此,本算例也附加了极限状态法的部分结果供参考。

依据《钢桥》4.1.1,"结构构件的内力应按弹性受力阶段确定"。所以在没有得到"认可"的情况下,不得采用极限状态法设计。

## 2.2 荷载计算

2.2.1 恒载

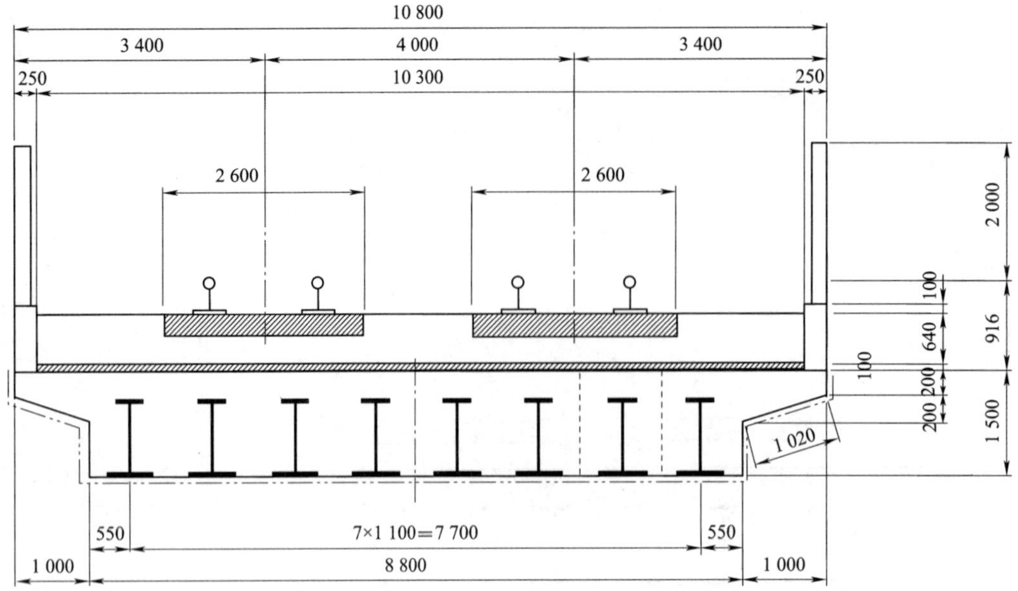


(1)一期恒载 $D_1$

| | | 高(mm) | | 宽(厚)(mm) | | 容重(kN/m³) | | 系数 | | | |
|---|---|---|---|---|---|---|---|---|---|---|---|
| 梁体部分 | $W_1$ = | 1500 | × | 8800 | × | 27.0 | × | 1 | / $10^6$ | = | 356.40 |
| 外侧悬臂 | $W_2$ = | 200 | × | 1000 | × | 25.0 | × | 2 | / $10^6$ | = | 10.00 |
| 外侧梗肋 | $W_3$ = | 200 | × | 1000 | × | 25.0 | × | 0.5 | / $10^6$ | = | 2.50 |
| 外侧梗肋 | $W_4$ = | 200 | × | 1000 | × | 25.0 | × | 0.5 | / $10^6$ | = | 2.50 |
| 一期模板 | $W_5$ = | 1300 | × | 100 | × | 7.5 | × | 2 | / $10^6$ | = | 1.95 |
| 一期模板 | $W_6$ = | 1020 | × | 100 | × | 7.5 | × | 2 | / $10^6$ | = | 1.53 |
| 一期模板 | $W_7$ = | 8800 | × | 100 | × | 7.5 | × | 1 | / $10^6$ | = | 6.60 |
| 一期模板 | $W_8$ = | -750 | × | 100 | × | 7.5 | × | 8 | / $10^6$ | = | -4.50 |
| 一期模板 | $W_9$ = | 50 | × | 100 | × | 7.5 | × | 16 | / $10^6$ | = | 0.60 |
| | | | | | | | | | $W_{D1}$ | = | 377.58 ≈ 380 kN/m |

(2)二期恒载 $D_2$

| | | 高(mm) | | 宽(厚)(mm) | | 容重(kN/m³) | | 系数 | | | |
|---|---|---|---|---|---|---|---|---|---|---|---|
| 道砟及垫层 | $W_1$ = | 10300 | × | 640 | × | 21.0 | × | 1.2 | / $10^6$ | = | 166.12 |
| 枕木 | $W_2$ = | 2600 | × | 230 | × | 21.0 | × | -2 | / $10^6$ | = | -25.12 |
| 排水坡 | $W_3$ = | 10300 | × | 100 | × | 23.0 | × | 1 | / $10^6$ | = | 23.69 |
| 挡砟墙 | $W_4$ = | 250 | × | 840 | × | 25.0 | × | 2 | / $10^6$ | = | 10.50 |
| 轨道 | $W_5$ = | 6.97 | × | 2 线 | | | | | | = | 13.94 |
| 声屏障 | $W_6$ = | 10.0 | × | 2 侧 | | | | | | = | 20.00 |
| 一期模板拆除 | $W_7$ = | | | | | | | | | = | -1.95 |
| 一期模板拆除 | $W_8$ = | | | | | | | | | = | -1.53 |
| 一期模板拆除 | $W_9$ = | | | | | | | | | = | -6.60 |
| 一期模板拆除 | $W_{10}$ = | | | | | | | | | = | 4.50 |
| 一期模板拆除 | $W_{11}$ = | | | | | | | | | = | -0.60 |
| 挡砟墙模板 | $W_{12}$ = | | | | | | | | | = | 0.00 |
| | | | | | | | | | $W_{D2}$ | = | 202.90 ≈ 205 kN/m |

| 轨道重量计算 | | | | | |
|---|---|---|---|---|---|
| 钢轨 | 0.60 kN/m/根 | × | 2 根 | = | 1.20 |
| 轨枕，扣件 | 3.46 kN/根 | × | 1667 根 / 1000 m | = | 5.77 |
| | | | | = | 6.97 kN/m |

2.2.2　列车荷载($L$)

中—荷载

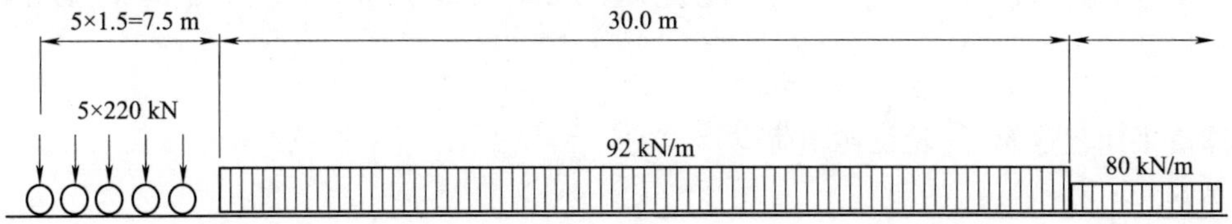


2.2.3　动力系数 $\mu$

2.2.3.1　弯矩计算用动力系数 $\mu$

$$\mu = \alpha \times \frac{6}{30 + L} \qquad \alpha \leqslant 2.0$$

$$= 4 \times (1 - h) \times \frac{6}{30 + L}$$

$$= 4 \times (1 - 0.640) \times \frac{6}{30 + 24.000}$$

$$= 1.440 \times 0.111$$

$$= 0.160$$

$h$ = 0.640 m　　（轨底至排水层的厚度）

2.2.3.2　剪力计算用动力系数 $\mu$

节点设定

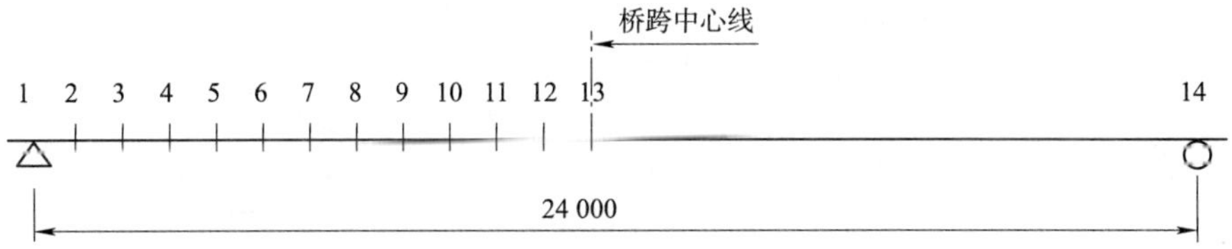


节点坐标及剪力计算用动力系数

| 节点 | $X$ (m) | $L$ (m) | 剪力计算 $\mu$ | 注　解 |
|---|---|---|---|---|
| 1 | 0.000 | 24.000 | 0.160 | 支　点 |
| 2 | 1.000 | 23.000 | 0.163 | |
| 3 | 2.000 | 22.000 | 0.166 | |
| 4 | 3.000 | 21.000 | 0.169 | |
| 5 | 4.000 | 20.000 | 0.173 | |
| 6 | 5.000 | 19.000 | 0.176 | |
| 7 | 6.000 | 18.000 | 0.180 | |
| 8 | 7.000 | 17.000 | 0.184 | 变截面 Section—2 |
| 9 | 8.000 | 16.000 | 0.188 | |
| 10 | 9.000 | 15.000 | 0.192 | |
| 11 | 10.000 | 14.000 | 0.196 | |
| 12 | 11.000 | 13.000 | 0.201 | |
| 13 | 12.000 | 12.000 | 0.206 | 跨中截面 Section—1 |
| 14 | 24.000 | 0.000 | 0.160 | 支　点 |

## 2.3 外力计算

任意位置恒载弯矩计算公式

$M_x$ = [ $1/8 \times q \times L^2$ ] × [ $4 \times (X/L - X^2/L^2)$ ] = [ $M_{跨中}$ ] × [ $4 \times (X/L - X^2/L^2)$ ]

任意位置恒载剪力计算公式

$S_x$ = [ $q \times L/2$ ] × ( $1 - 2 \times X/L$ )

活载计算值采用程序解析(轮位连动荷载)

外力汇总表

| 位置 | | 弯矩(kN·m) | | | | 剪力(kN) | | | | 备注 |
|---|---|---|---|---|---|---|---|---|---|---|
| | | 恒载 | | 单线活载 | | 恒载 | | 单线活载 | | |
| 节点 | X(m) | $M_{D1}$ | $M_{D2}$ | $M_L$ | $M_\mu$ | $S_{D1}$ | $S_{D2}$ | $S_L$ | $S_\mu$ | |
| 1 | 0.000 | 0 | 0 | 0 | 0 | 4560 | 2460 | 1484 | 237 | 支点 |
| 2 | 1.000 | 4370 | 2358 | 1377 | 220 | 4180 | 2255 | 1377 | 224 | |
| 3 | 2.000 | 8360 | 4510 | 2547 | 408 | 3800 | 2050 | 1273 | 211 | |
| 4 | 3.000 | 11970 | 6458 | 3645 | 583 | 3420 | 1845 | 1174 | 198 | |
| 5 | 4.000 | 15200 | 8200 | 4564 | 730 | 3040 | 1640 | 1078 | 186 | |
| 6 | 5.000 | 18050 | 9738 | 5377 | 860 | 2660 | 1435 | 986 | 174 | |
| 7 | 6.000 | 20520 | 11070 | 6053 | 968 | 2280 | 1230 | 898 | 162 | |
| 8 | 7.000 | 22610 | 12198 | 6585 | 1054 | 1900 | 1025 | 814 | 150 | Section—2 |
| 9 | 8.000 | 24320 | 13120 | 7028 | 1124 | 1520 | 820 | 734 | 138 | |
| 10 | 9.000 | 25650 | 13838 | 7310 | 1170 | 1140 | 615 | 657 | 126 | |
| 11 | 10.000 | 26600 | 14350 | 7482 | 1197 | 760 | 410 | 585 | 115 | |
| 12 | 11.000 | 27170 | 14658 | 7550 | 1208 | 380 | 205 | 516 | 104 | |
| 13 | 12.000 | 27360 | 14760 | 7480 | 1197 | 0 | 0 | 451 | 93 | Section—1 |

截面检算用设计值

| 节点 | 荷载类型 | 符号 | 弯矩(kN·m) | | | 剪力(kN) | | | 备注 |
|---|---|---|---|---|---|---|---|---|---|
| | | | 计算值 | 系数 | 设计值 | 计算值 | 系数 | 设计值 | |
| 13 | 一期荷载 | $D_1$ | 27360 | 1.00 | 27360 | 0 | 1.00 | 0 | 跨中截面 Section—1(拼接位置) |
| | 二期荷载 | $D_2$ | 14760 | 1.00 | 14760 | 0 | 1.00 | 0 | |
| | 列车活载 | $L$ | 7480 | 1.80 | 13464 | 451 | 1.80 | 812 | |
| | 动力荷载 | $\mu$ | 1197 | 1.80 | 2155 | 93 | 1.80 | 167 | |
| | $D_1+D_2+L+\mu$ | | | | 57739 | | | 979 | |
| 8 | 一期荷载 | $D_1$ | 22610 | 1.00 | 22610 | 1900 | 1.00 | 1900 | 变截面 Section—2 |
| | 二期荷载 | $D_2$ | 12198 | 1.00 | 12198 | 1025 | 1.00 | 1025 | |
| | 列车活载 | $L$ | 6585 | 1.80 | 11853 | 814 | 1.80 | 1465 | |
| | 动力荷载 | $\mu$ | 1054 | 1.80 | 1897 | 150 | 1.80 | 270 | |
| | $D_1+D_2+L+\mu$ | | | | 48558 | | | 4660 | |

## 2.4 强度检算

截面计算以下述假定为依据

(1)应变从中性轴起与距离成比例关系，即构件受力并发生弯曲变形以后，仍保持为平面（平截面假定）。

(2)受压区混凝土及钢视作为弹性体，即压应力与应变成正比 $\sigma = E \cdot \varepsilon$ 。

(3)混凝土不承受拉应力。

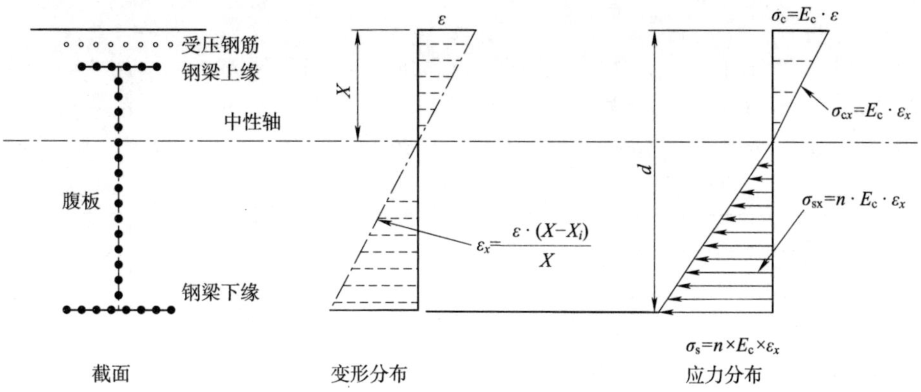


跨中截面示意图

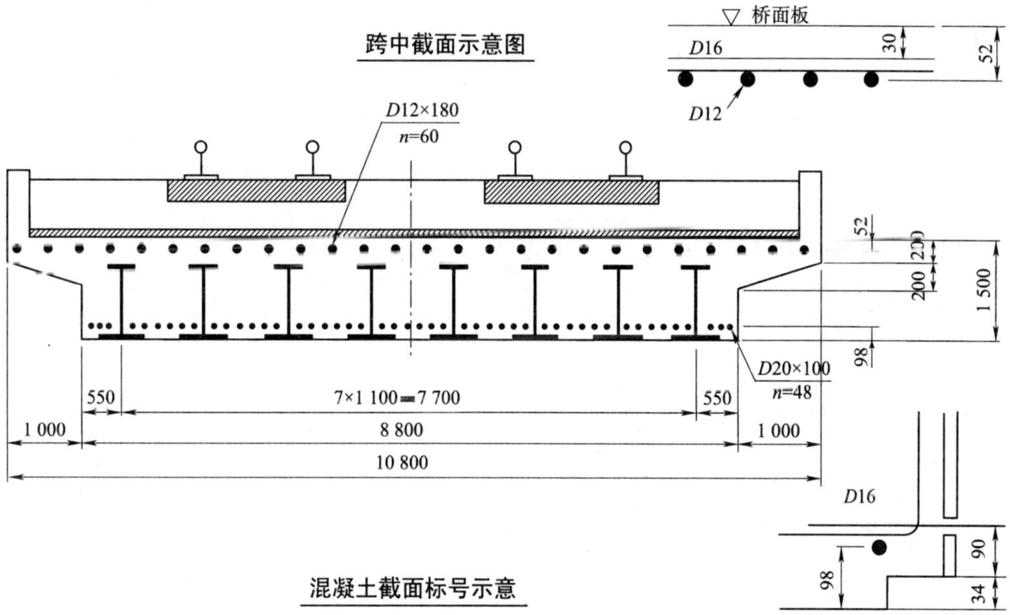


混凝土截面标号示意

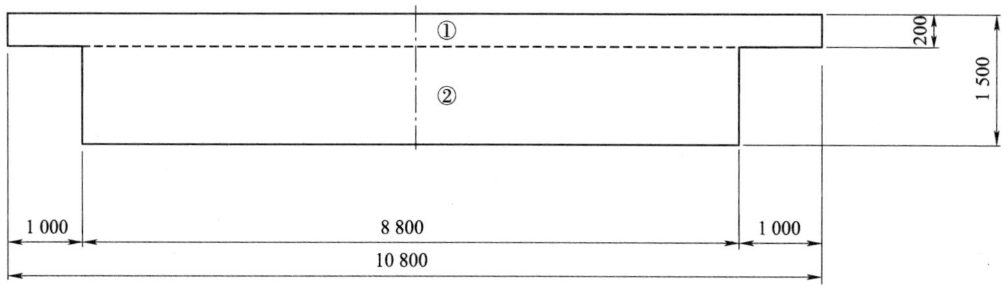

(1)主梁跨中截面

| 混凝土截面 | | | | | 钢梁・钢筋 | | | | | | | | | | |
|---|---|---|---|---|---|---|---|---|---|---|---|---|---|---|---|
| 桥面板宽 | $b_e$ | = | 10.800 | m | 受压钢筋 | ($A_{rc}$) | 60 | - | Φ | 12 | 113.1 | 52 | = | 6786 | $mm^2$ |
| 桥面板厚 | $t_e$ | = | 0.200 | m | 上翼缘板 | ($A_{sc}$) | 8 | - | U-FLG | 400 | × | 24 | = | 76800 | $mm^2$ |
| 悬臂长度 | $b$ | = | 1.000 | m | 腹板 | ($A_{sw}$) | 8 | - | Web | 1290 | × | 12 | = | 123840 | $mm^2$ |
| 劲性梁宽 | $b_w$ | = | 8.800 | m | 下翼缘板 | ($A_{st}$) | 8 | - | L-FLG | 750 | × | 34 | = | 204000 | $mm^2$ |
| 劲性梁高 | $h_w$ | = | 1.500 | m | 受拉钢筋 | ($A_{rt}$) | 48 | - | Φ | 20 | 314.2 | 98 | = | 15080 | $mm^2$ |
| 钢梁高度 | $h_s$ | = | 1.348 | m | | | | | | | | | | | |

| | | | | | | | | | | | | |
|---|---|---|---|---|---|---|---|---|---|---|---|---|
| 混凝土 C45 | $[\sigma_b]$ | = | $f_c/K_1$ | = | 30 | / 2.00 | = | 15 | $N/mm^2$ | $E_c$ | = | 34500 $N/mm^2$ |
| 钢材 Q370q | $[\sigma]$ | = | $\sigma_b/K_2$ | = | 510 | / 2.50 | = | 204 | $N/mm^2$ | $E_s$ | = | 210000 $N/mm^2$ |
| 钢筋 HRB335 | $[\sigma_s]$ | = | $f_s/K_3$ | = | 335 | / 1.86 | = | 180 | $N/mm^2$ | $E_r$ | = | 200000 $N/mm^2$ |

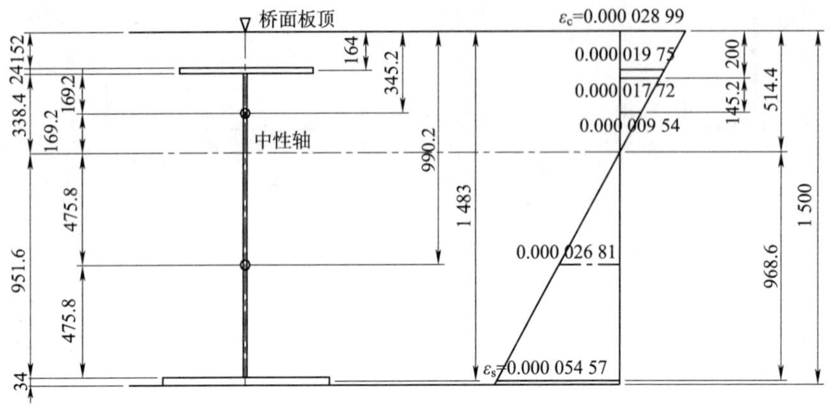


截面中性轴试算

| 项目 | | b | t | A | y | $y_0-y$ | ε | E | $\sigma_y$ | $\Delta P=A\cdot\sigma_y$ |
|---|---|---|---|---|---|---|---|---|---|---|
| | | m | m | $m^2$ | m | m | 0.00002899 | $N/mm^2$ | $E\cdot\varepsilon$ | |
| 混凝土 | ① | 10.800 | | | 0.00000 | 0.51444 | 0.00002899 | 34500 | 1.000 | |
| | ① | 10.800 | 0.2000 | 2.1600 | 0.20000 | 0.31444 | 0.00001772 | 34500 | 0.611 | 1.740 |
| | ② | 8.800 | | | 0.20000 | 0.31444 | 0.00001772 | 34500 | 0.611 | |
| | ② | 8.800 | 0.3144 | 2.7670 | 0.51444 | 0.00000 | 0.00000000 | 34500 | 0.000 | 0.845 |
| 钢梁 | 8 - U.FLG | 0.400 | 0.0240 | 0.0768 | 0.16400 | 0.35044 | 0.00001975 | 210000 | 4.148 | 0.319 |
| | 8 - Web | 0.012 | 0.3384 | 0.0325 | 0.34520 | 0.16924 | 0.00000954 | 210000 | 2.003 | 0.065 |
| | 8 - Web | 0.012 | 0.9516 | 0.0914 | 0.99020 | -0.47576 | -0.00002681 | 210000 | -5.630 | -0.515 |
| | 8 - L.FLG | 0.750 | 0.0340 | 0.2040 | 1.48300 | -0.96856 | -0.00005457 | 210000 | -11.460 | -2.338 |
| 钢筋 | 受压区 | 60 × Φ 12 | | 0.0068 | 0.05200 | 0.46244 | 0.00002606 | 200000 | 5.212 | 0.035 |
| | 受拉区 | 48 × Φ 20 | | 0.0151 | 1.40200 | -0.88756 | -0.00005001 | 200000 | -10.002 | -0.151 |
| Σ 混凝土 | | | | | | | | | | 2.585 |
| Σ 钢梁 | | | | | | | | | | -2.469 |
| Σ 钢筋 | | | | | | | | | | -0.116 |
| Σ 合计(换算混凝土) | | | | | | | | | | 0.000 |
| 假定中性轴(桥面板顶为基准) | | | | | $y_0$ | = 0.514436 m | | | | |

注:(1)混凝土 $\Delta P = A\times(\sigma_{y1}+\sigma_{y2})/2$;

(2)钢筋及钢梁的 $\Delta P$ 为各个钢单元重心位置的应力 $\sigma_y$ 与钢材截面积 $A_r$(. or. $A_s$)的乘积值;

(3)中性轴位置($y_0$)为轴向力($\Delta P$)的总和使其作用于截面上的轴力为 0.000 的位置;

(4)钢筋及钢梁的 $\sigma_y$ 均为混凝土换算值(乘弹性模量值);

(5)钢梁的截面积及截面的二次惯性矩为混凝土梁内预埋的全部值。

钢梁与混凝土的弹性模量比　$n$ = 6.09

截面特性计算　　钢筋与混凝土的弹性模量比　$n$ = 5.80

| | | $b$ | $t$ | $A_{RC}$ | $Y$ | $I_{ORC}$ | $I_{ORC}+A_{RC}\cdot Y^2$ |
|---|---|---|---|---|---|---|---|
| 单　位 | | m | m | $m^2$ | m | $m^4$ | $m^4$ |
| 混凝土 | ① | 10.800 | 0.2000 | 2.1600 | 0.4144 | 0.0072000 | 0.3781 |
| | ② | 8.800 | 0.3144 | 2.7670 | 0.1572 | 0.0227981 | 0.0912 |
| 钢梁 | 8 - U. FLG | 0.400 | 0.024 | 0.3909 | 0.3504 | 0.0000188 | 0.0480 |
| | 8 - Web | 0.012 | 1.290 | 0.6303 | -0.3065 | 0.0874132 | 0.1466 |
| | 8 - L. FLG | 0.750 | 0.034 | 1.0384 | -0.9686 | 0.0001000 | 0.9742 |
| 钢筋 | 受压区 | 60 × $\Phi$ 12 | | 0.0326 | 0.4624 | — | 0.0070 |
| | 受拉区 | 48 × $\Phi$ 20 | | 0.0724 | -0.8876 | — | 0.0570 |
| Σ 混凝土 | | | | | | | 0.4693 |
| Σ 钢梁 | | | | | | | 1.1688 |
| Σ 钢筋 | | | | | | | 0.0640 |
| Σ 合计(换算混凝土) | | | | | | $I_{vc}$ = | 1.7021 |
| 中性轴(桥面板顶为基准) | | | $y_0$ = 0.514436 m | | | | |

注:钢筋及钢梁的换算混凝土为 $A\times(n-1)$ . or. $I\times(n-1)$。

| 荷载项目 | 钢梁检算 | 钢筋检算 | 混凝土检算 |
|---|---|---|---|
| 一期恒载 | ○ | — | — |
| 二期恒载 | ○ | ○ | ○ |
| 列车活载 | ○ | ○ | ○ |

钢梁下翼缘板的法向应力

作用弯矩　$M = M_{D1}+M_{D2}+M_L+M_\mu = 57739\ \text{kN}\cdot\text{m}$

计算位置　$Y_s = 0.9686 + 0.034 / 2 = 0.9856\ \text{m}$

$$\sigma = n\times\frac{M\times Y_s}{I_{vc}} = 6.09\times\frac{57739\times10^6\times0.9856\times10^3}{1.7021\times10^{12}}$$

$$= 204\ \text{N/mm}^2 < [\sigma_w] = 1.05\times[\sigma] = 1.05\times204.0 = 214.2\ \text{N/mm}^2$$

受拉钢筋的拉应力

作用弯矩　$M = M_{D2}+M_L+M_\mu = 30379\ \text{kN}\cdot\text{m}$

$Y_r = 0.9856 - 0.098 = 0.8876\ \text{m}$

$$\sigma = n\times\frac{M\times Y_r}{I_{vc}} = 5.80\times\frac{30379\times10^6\times0.8876\times10^3}{1.7021\times10^{12}}$$

$$= 92\ \text{N/mm}^2 < [\sigma_s] = 180\ \text{N/mm}^2$$

混凝土上边缘压应力检算

作用弯矩　$M = M_{D2}+M_L+M_\mu = 30379\ \text{kN}\cdot\text{m}$

$Y_c = 0.5144\ \text{m}$

$$\sigma = \frac{M\times Y_c}{I_{vc}} = \frac{30379\times10^6\times0.51444\times10^3}{1.7021\times10^{12}}$$

$$= 9.2\ \text{N/mm}^2 < [\sigma_b] = 15.0\ \text{N/mm}^2$$

(2)变截面 Section — 2

| 混凝土截面 | | | | | 钢梁·钢筋 | | | | | | | | | |
|---|---|---|---|---|---|---|---|---|---|---|---|---|---|---|
| 桥面板宽 | $b_e$ | = | 10.800 | m | 受压钢筋 | $(A_{rc})$ | 60 | - | $\Phi$ 12 | 113.1 | 52 | = | 6786 | $mm^2$ |
| 桥面板厚 | $t_e$ | = | 0.200 | m | 上翼缘板 | $(A_{sc})$ | 8 | - | U. FLG | 400 | × 18 | = | 57600 | $mm^2$ |
| 悬臂长度 | $b$ | = | 1.000 | m | 腹板 | $(A_{sw})$ | 8 | - | Web | 1290 | × 12 | = | 123840 | $mm^2$ |
| 劲性梁宽 | $b_w$ | = | 8.800 | m | 下翼缘板 | $(A_{st})$ | 8 | - | L. FLG | 600 | × 34 | = | 163200 | $mm^2$ |
| 劲性梁高 | $h_w$ | = | 1.500 | m | 受拉钢筋 | $(A_{rt})$ | 48 | - | $\Phi$ 20 | 314.2 | 98 | = | 15080 | $mm^2$ |
| 钢梁高度 | $h_s$ | = | 1.342 | m | | | | | | | | | | |

| | | | | | | | | |
|---|---|---|---|---|---|---|---|---|
| 混凝土 C45 | $[\sigma_b]$ | = | $f_c/K_1$ | = 30 / 2.00 | = 15 $N/mm^2$ | $E_c$ | = | 34500 $N/mm^2$ |
| 钢材 Q370q | $[\sigma]$ | = | $\sigma_b/K_2$ | = 510 / 2.50 | = 204 $N/mm^2$ | $E_s$ | = | 210000 $N/mm^2$ |
| 钢筋 HRB335 | $[\sigma_s]$ | = | $f_s/K_3$ | = 335 / 1.86 | = 180 $N/mm^2$ | $E_r$ | = | 200000 $N/mm^2$ |

截面中性轴试算

| 项目 | | $b$ | $t$ | $A$ | $y$ | $y_0-y$ | $\varepsilon$ | $E$ | $\sigma_y$ | $\Delta P=A\cdot\sigma_y$ |
|---|---|---|---|---|---|---|---|---|---|---|
| | | m | m | $m^2$ | m | m | 0.00002899 | $N/mm^2$ | E·ε | |
| 混凝土 | ① | 10.800 | | | 0.0000 | 0.4861 | 0.00002899 | 34500 | 1.000 | |
| | ① | 10.800 | 0.2000 | 2.1600 | 0.2000 | 0.2861 | 0.00001706 | 34500 | 0.589 | 1.716 |
| | ② | 8.800 | | | 0.2000 | 0.2861 | 0.00001706 | 34500 | 0.589 | |
| | ② | 8.800 | 0.2861 | 2.5172 | 0.4861 | 0.0000 | 0.00000000 | 34500 | 0.000 | 0.741 |
| 钢梁 | 8 - U. FLG | 0.400 | 0.0180 | 0.0576 | 0.1670 | 0.3191 | 0.00001903 | 210000 | 3.996 | 0.230 |
| | 8 - Web | 0.012 | 0.3101 | 0.0298 | 0.3310 | 0.1550 | 0.00000924 | 210000 | 1.941 | 0.058 |
| | 8 - Web | 0.012 | 0.9800 | 0.0941 | 0.9760 | -0.4900 | -0.00002922 | 210000 | -6.136 | -0.577 |
| | 8 - L. FLG | 0.600 | 0.0340 | 0.1632 | 1.4830 | -0.9970 | -0.00005946 | 210000 | -12.486 | -2.038 |
| 钢筋 | 受压区 | 60 × | $\Phi$ 12 | 0.0068 | 0.0520 | 0.4341 | 0.00002589 | 200000 | 5.177 | 0.035 |
| | 受拉区 | 48 × | $\Phi$ 20 | 0.0151 | 1.4020 | -0.9160 | -0.00005463 | 200000 | -10.925 | -0.165 |
| Σ 混凝土 | | | | | | | | | | 2.457 |
| Σ 钢梁 | | | | | | | | | | -2.327 |
| Σ 钢筋 | | | | | | | | | | -0.130 |
| Σ 合计(换算混凝土) | | | | | | | | | | 0.000 |
| 假定中性轴(桥面板顶为基准) | | | | | $y_0$ = 0.486050 m | | | | | |

钢梁与混凝土的弹性模量比 $n$ = 6.09

钢筋与混凝土的弹性模量比 $n$ = 5.80

截面特性计算

| | | $b$ | $t$ | $A_{RC}$ | $Y$ | $I_{ORC}$ | $I_{ORC}+A_{RC}\cdot Y^2$ |
|---|---|---|---|---|---|---|---|
| 单位 | | m | m | $m^2$ | m | $m^4$ | $m^4$ |
| 混凝土 | ① | 10.800 | 0.2000 | 2.1600 | 0.3861 | 0.0072000 | 0.3291 |
| | ② | 8.800 | 0.2861 | 2.5172 | 0.1430 | 0.0171643 | 0.0687 |
| 钢梁 | 8 - U. FLG | 0.400 | 0.0180 | 0.2932 | 0.3191 | 0.0000079 | 0.0299 |
| | 8 - Web | 0.012 | 1.2900 | 0.6303 | -0.3350 | 0.0874132 | 0.1582 |
| | 8 - L. FLG | 0.600 | 0.0340 | 0.8307 | -0.9970 | 0.0000800 | 0.8258 |
| 钢筋 | 受压区 | 60 × | $\Phi$ 12 | 0.0326 | 0.4341 | - | 0.0061 |
| | 受拉区 | 48 × | $\Phi$ 20 | 0.0724 | -0.9160 | - | 0.0607 |
| Σ 混凝土 | | | | | | | 0.3978 |
| Σ 钢梁 | | | | | | | 1.0138 |
| Σ 钢筋 | | | | | | | 0.0669 |
| Σ 合计(换算混凝土) | | | | | | $I_{vc}$ = | 1.4784 |
| 中性轴(桥面板顶为基准) | | | $y_0$ = 0.486050 m | | | | |

注:钢筋及钢梁的换算混凝土为 $A\times(n-1)$ .or. $I\times(n-1)$。

钢梁下翼缘板的法向应力检算

作用弯矩 $M = M_{D1} + M_{D2} + M_L + M_\mu = 48558\ \text{kN} \cdot \text{m}$

$Y_s = 0.9970 + 0.034 / 2 = 1.0140\ \text{m}$

$$\sigma = n \times \frac{M \times Y_s}{I_{vc}} = 6.09 \times \frac{48558 \times 10^6 \times 1.0140 \times 10^3}{1.4784 \times 10^{12}}$$

$$= 203\ \text{N/mm}^2 < [\sigma_w] = 1.05 \times [\sigma] = 1.05 \times 204.0 = 214.2\ \text{N/mm}^2$$

主梁腹板下端换算应力检算

作用剪力 $S = S_{D1} + S_{D2} + S_L + S_\mu = 4660\ \text{kN}$

$Y_s = 0.9970 - 0.034 / 2 = 0.9800\ \text{m}$

$$\sigma_a = n \times \frac{M \times Y_s}{I_{vc}} = 6.09 \times \frac{48558 \times 10^6 \times 0.9800 \times 10^3}{1.4784 \times 10^{12}} = 196\ \text{N/mm}^2$$

$$\tau_a = \frac{S}{A_w} = \frac{4660 \times 10^3}{123840} = 38\ \text{N/mm}^2 < [\tau] = 204.0 \times 0.6 = 122\ \text{N/mm}^2$$

$$\sigma_h = \sqrt{\sigma_a^2 + 3 \times \tau_a^2} = 207\ \text{N/mm}^2 < 1.1 \times [\sigma] = 1.1 \times 204.0 = 224.4\ \text{N/mm}^2$$

注：借鉴日本《道桥》8.2.4 注解，当剪应力不超过剪切容许应力的 45% 时，也可以不检算换算应力。

$$\frac{\sigma}{[\sigma_w]} = \frac{203}{214.2} = 0.948 > \frac{\sigma_h}{1.1[\sigma]} = \frac{207}{224.4} = 0.922$$

依据上述判断式，当剪应力较小时，仅检算法向应力即可。

受拉钢筋的拉应力检算

作用弯矩 $M = M_{D2} + M_L + M_\mu = 25948\ \text{kN} \cdot \text{m}$

$Y_r = 1.0140 - 0.098 = 0.9160\ \text{m}$

$$\sigma_r = n \times \frac{M \times Y_r}{I_{vc}} = 5.80 \times \frac{25948 \times 10^6 \times 0.9160 \times 10^3}{1.4784 \times 10^{12}}$$

$$= 93\ \text{N/mm}^2 < [\sigma_s] = 180\ \text{N/mm}^2$$

混凝土上边缘压应力检算

$Y_c = 0.4861\ \text{m}$

$$\sigma = \frac{M \times Y_c}{I_{vc}} = \frac{25948 \times 10^6 \times 0.4861 \times 10^3}{1.4784 \times 10^{12}}$$

$$= 8.5\ \text{N/mm}^2 < [\sigma_b] = 15.0\ \text{N/mm}^2$$

[极限状态法——仅供参考]

1. 条件

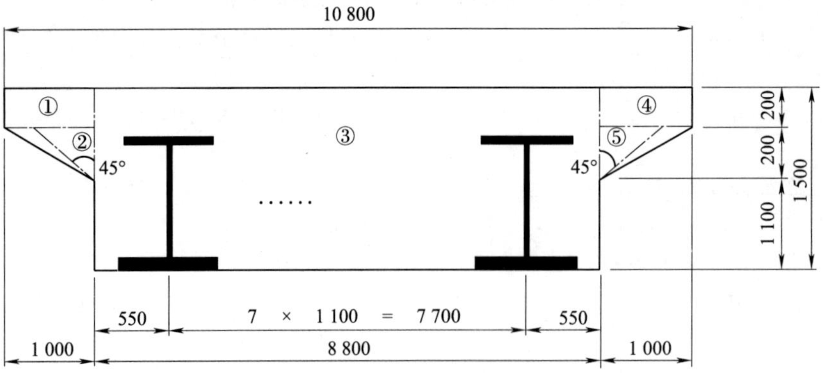


| 混凝土梁体 | | | | 钢梁・钢筋 | | | | | | | | | |
|---|---|---|---|---|---|---|---|---|---|---|---|---|---|
| 桥面板宽 | $b_e$ | = | 10.800 m | 上段钢筋 | ($A_{rc}$) | 60 | – | D | 12 | 113.1 | 52 | = | 6786 $mm^2$ |
| 桥面板厚 | $t_e$ | = | 0.200 m | 上翼缘板 | ($A_{sc}$) | 8 | – | U. FLG | 400 | × 24 | | = | 76800 $mm^2$ |
| 外悬臂长 | $b$ | = | 1.000 m | 钢梁腹板 | ($A_{sw}$) | 8 | – | Web | 1290 | × 12 | | = | 123840 $mm^2$ |
| 劲性梁宽 | $b_w$ | = | 8.800 m | 下翼缘板 | ($A_{st}$) | 8 | – | L. FLG | 700 | × 24 | | = | 134400 $mm^2$ |
| 劲性梁高 | $h_w$ | = | 1.500 m | 下段钢筋 | ($A_{rt}$) | 48 | – | D | 20 | 314.2 | 88 | = | 15080 $mm^2$ |
| 钢 梁 高 | $h_s$ | = | 1.338 m | | | | | | | | | | |

| | | | | | |
|---|---|---|---|---|---|
| 混凝土 C45 | $[\sigma_b]$ | = | $f_c/K_1$ | = 30 / 2.0 | = 15.0 $N/mm^2$ |
| 钢材 Q370q | $[\sigma_w]$ | = | $1.05\times\sigma_b/K_2$ | = 1.05 × 510 / 2.5 | = 214.2 $N/mm^2$ |
| 钢筋 HRB335 | $[\sigma_s]$ | = | $f_s/K_3$ | = 335 / 1.86 | = 180.0 $N/mm^2$ |

2. 计算假定

依据《混桥》6.2.2 条文说明，受压混凝土极限压缩应变 0.0030，使得混凝土，钢筋，钢梁的轴向力的合计为零，从而可求解出塑性轴，再依照塑性轴计算出截面的承载能力。

我国目前还没有混凝土应力与应变曲线公式可查，故参照日本《复合》5.2.4 中混凝土应力与应变曲线，可求解混凝土的受压应力。

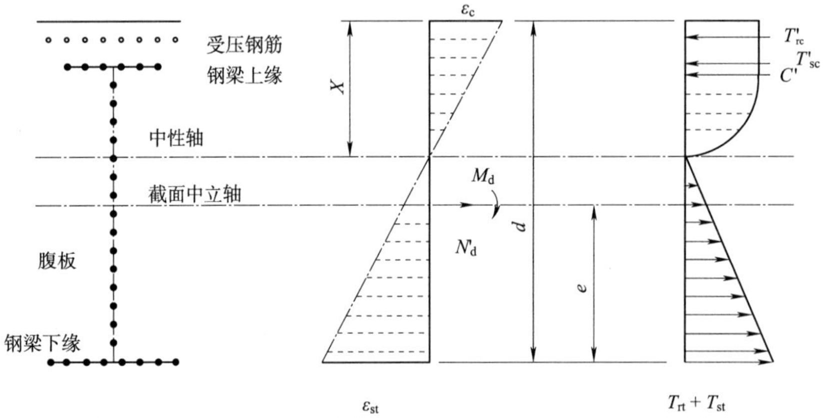


截面　　　变形分布　　　应力分布

依据截面内力的平衡条件，求解各项内力。

$$N'_d = C' + T'_{sc} - T_{st} = 0.0$$

式中 $C' = \int_0^x \sigma'_c(u) \cdot b(u) \cdot d_u$；

$T_{st} = A_{st} \cdot \sigma_{st}$；

$T'_{sc} = A_{sc} \cdot \sigma'_{sc}$。

3. 检算结果

截面抗弯承载力

$$M_u = C' \cdot (d - e - \beta \cdot x) + T'_{sc} \cdot (d - e - d_c) + T_{st} \cdot e$$

式中 $\beta \cdot x = x - \left[\int_0^x \sigma_c'(u) \cdot b(u) \cdot u \cdot d_u\right] / C'$。

| | 轴向力(kN) | 弯曲承载能力(kN · m) |
|---|---|---|
| 混 凝 土 | $C'$ = 33707.5 | $M_{cu}$ = 21023 |
| 钢 筋 | $T'_{sc}$ = －1492.9 | $M_{ru}$ = 2642 |
| 钢 梁 | $T_{st}$ = －32214.5 | $M_{su}$ = 35632 |
| 合 计 | $N'_d$ = 0.0 | $M_u$ = 59297 |

截面检算

$M / M_u$ (≤1.0)

= 57739 / 59297

= 0.974 < 1.0

式中 $M$——跨中最大弯矩；

$M_u$——承载能力(材料均含安全系数)。

## 2.5 刚度检算

依照《混桥》5.1.1,“计算结构变形时,截面刚度应按 $0.8E_cI_{vc}$ 计算,$E_c$ 为混凝土的受压弹性模量,静定结构的 $I_{vc}$ 为不计混凝土受拉区,计入钢筋的截面特性。”

一期恒载作用下,挠度全部由钢梁承受。

混凝土硬化后荷载作用下的挠度全部由劲性梁换算截面承受。

### 2.5.1 跨中钢梁截面

| | | $A$ (mm²) | $y$ (mm) | $A\times y$ (mm³) | $A\times y^2$ (mm⁴) | $I_0$ (mm⁴) |
|---|---|---|---|---|---|---|
| 8 - U. FLG. PL | 400 × 24 | 76800 | -657.0 | -50457600 | 33150600000 | 3700000 |
| 8 - Web. PL | 1290 × 12 | 123840 | | | | 17173500000 |
| 8 - L. FLG. PL | 750 × 34 | 204000 | 662.0 | 135048000 | 89401800000 | 19700000 |
| | | $A$ = 404640 | $A\times y$ = | 84590400 | | 139749300000 |
| | | $\delta = A\times y/A$ | | | $\Delta I = A\times\delta^2$ = | -17683500000 |
| | | = 209.05 mm | | | $I_s$ = | 122065800000 |

### 2.5.2 跨中劲性梁截面(含梗肋截面)

| 混凝土截面 | | | | 钢梁 · 钢筋 | | | | | | | |
|---|---|---|---|---|---|---|---|---|---|---|---|
| 桥面板宽 | $b_e$ | = | 10.800 m | 受压钢筋 | ($A_{rc}$) | 60 | - Φ | 12 | 113.1 | 52 | = 6786 mm² |
| 桥面板厚 | $t_e$ | = | 0.200 m | 上翼缘板 | ($A_{sc}$) | 8 | - U. FLG | 400 | × 24 | | = 76800 mm² |
| 悬臂长度 | $b$ | = | 1.000 m | 腹板 | ($A_{sw}$) | 8 | - Web | 1290 | × 12 | | = 123840 mm² |
| 劲性梁宽 | $b_w$ | = | 8.800 m | 下翼缘板 | ($A_{st}$) | 8 | - L. FLG | 750 | × 34 | | = 204000 mm² |
| 劲性梁高 | $h_w$ | = | 1.500 m | 受拉钢筋 | ($A_{rt}$) | 48 | - Φ | 20 | 314.2 | 98 | = 15080 mm² |
| 钢梁高度 | $h_s$ | = | 1.348 m | | | | | | | | |

| | | | | | |
|---|---|---|---|---|---|
| 混凝土 C45 | $[\sigma_b] = f_c/K_1$ | = 30 / 2.00 | = 15.0 N/mm² | $E_c$ | = 34500 N/mm² |
| 钢材 Q370q | $[\sigma] = \sigma_b/K_2$ | = 510 / 2.50 | = 204.0 N/mm² | $E_s$ | = 210000 N/mm² |
| 钢筋 HRB335 | $[\sigma_s] = f_s/K_3$ | = 335 / 1.86 | = 180 N/mm² | $E_r$ | = 200000 N/mm² |

截面中性轴试算

| 项目 | | $b$ | $t$ | $A$ | $y$ | $y_0-y$ | $\varepsilon$ | $E$ | $\sigma_y$ | $\Delta P=A\cdot\sigma_y$ |
|---|---|---|---|---|---|---|---|---|---|---|
| | | m | m | m² | m | m | 0.00002899 | N/mm² | $E\cdot\varepsilon$ | |
| 混凝土 | ① | 10.800 | | | 0.0000 | 0.5088 | 0.00002899 | 34500 | 1.000 | |
| | ① | 10.800 | 0.2000 | 2.1600 | 0.2000 | 0.3088 | 0.00001759 | 34500 | 0.607 | 1.736 |
| | ② | 9.800 | | | 0.2000 | 0.3088 | 0.00001759 | 34500 | 0.607 | |
| | ② | 9.800 | 0.2000 | 1.9600 | 0.4000 | 0.1088 | 0.00000620 | 34500 | 0.214 | 0.804 |
| | ③ | 8.800 | | | 0.4000 | 0.1088 | 0.00000620 | 34500 | 0.214 | |
| | ③ | 8.800 | 0.1088 | 0.9570 | 0.5088 | 0.0000 | 0.00000000 | 34500 | 0.000 | 0.102 |
| 钢梁 | 8 - U. FLG | 0.400 | 0.0240 | 0.0768 | 0.1640 | 0.3448 | 0.00001964 | 210000 | 4.125 | 0.317 |
| | 8 - Web | 0.012 | 0.3328 | 0.0319 | 0.3424 | 0.1664 | 0.00000948 | 210000 | 1.991 | 0.064 |
| | 8 - Web | 0.012 | 0.9573 | 0.0919 | 0.9874 | -0.4786 | -0.00002727 | 210000 | -5.726 | -0.526 |
| | 8 - L. FLG | 0.750 | 0.0340 | 0.2040 | 1.4830 | -0.9743 | -0.00005551 | 210000 | -11.657 | -2.378 |
| 钢筋 | 受压区 | 60 × | Φ 12 | 0.0068 | 0.0520 | 0.4568 | 0.00002603 | 200000 | 5.205 | 0.035 |
| | 受拉区 | 48 × | Φ 20 | 0.0151 | 1.4020 | -0.8933 | -0.00005089 | 200000 | -10.179 | -0.153 |
| Σ 混凝土 | | | | | | | | | | 2.642 |
| Σ 钢梁 | | | | | | | | | | -2.524 |
| Σ 钢筋 | | | | | | | | | | -0.118 |
| Σ 合计(换算混凝土) | | | | | | | | | | 0.000 |
| 假定中性轴(桥面板顶为基准) | | | | | $y_0$ = 0.508750 m | | | | | |

钢梁与混凝土的弹性模量比 $n$ = 6.09

钢筋与混凝土的弹性模量比 $n$ = 5.80

截面特性计算

| | | $b$ | $t$ | $A_{RC}$ | $Y$ | $I_{ORC}$ | $I_{ORC}+A_{RC}\cdot Y^2$ |
|---|---|---|---|---|---|---|---|
| 单位 | | m | m | $m^2$ | m | $m^4$ | $m^4$ |
| 混凝土 | ① | 10.800 | 0.2000 | 2.1600 | 0.4088 | 0.0072000 | 0.368085 |
| | ② | 9.800 | 0.2000 | 1.9600 | 0.2088 | 0.0065333 | 0.091943 |
| | ③ | 8.800 | 0.1088 | 0.9570 | 0.0544 | 0.0009432 | 0.003773 |
| 钢梁 | 8 - U. FLG | 0.400 | 0.0240 | 0.3909 | 0.3448 | 0.0000188 | 0.046493 |
| | 8 - Web | 0.012 | 1.2900 | 0.6303 | -0.3122 | 0.0874132 | 0.148852 |
| | 8 - L. FLG | 0.750 | 0.0340 | 1.0384 | -0.9743 | 0.0001000 | 0.985774 |
| 钢筋 | 受压区 | 60 × | Φ 12 | 0.0326 | 0.4568 | — | 0.006797 |
| | 受拉区 | 48 × | Φ 20 | 0.0724 | -0.8933 | — | 0.057760 |
| Σ 混凝土 | | | | | | | 0.463801 |
| Σ 钢梁 | | | | | | | 1.181119 |
| Σ 钢筋 | | | | | | | 0.064557 |
| Σ 合计(换算混凝土) | | | | | | $I_{vc}$ = | 1.709477 |
| 中性轴(桥面板顶为基准) | | | $y_0$ = 0.508750 m | | | | |

2.5.3 竖向刚度

$I_s$ = 122065800000 $mm^4$

$I_{vc}$ = 1709477000000 $mm^4$ = 1.709477 $m^4$

$E_s$ = 210000000 kN/$m^2$ = 210000 N/$mm^2$

$E_c$ = 34500000 kN/$m^2$ = 34500 N/$mm^2$

$L$ = 24.000 m

$$\delta_{D1}=\frac{5.5\times M_{D1}\times L^2}{48\times E_s\times I_s}=\frac{5.5\times 27360\times 10^6\times 24000^2}{48\times 210000\times 122065800000}=70.4\ \text{mm}$$

$$\delta_{D2}=\frac{5\times M_{D2}\times L^2}{48\times 0.8\times E_c\times I_{vc}}=\frac{5\times 14760\times 10^6\times 24000^2}{48\times 0.8\times 34500\times 1709477000000}=18.8\ \text{mm}$$

$$\delta_{L}=\frac{5\times M_{L}\times L^2}{48\times 0.8\times E_c\times I_{vc}}=\frac{5\times 13464\times 10^6\times 24000^2}{48\times 0.8\times 34500\times 1709477000000}=17.1\ \text{mm}$$

静活荷载所引起的竖向挠度检算《桥规》5.1.2

$$\frac{1}{L/\delta_L}=\frac{1}{24000/17.1}=\frac{1}{1404}\leqslant\frac{1}{800}$$

恒载及静活荷载所引起的竖向挠度

$$\Sigma\delta=\delta_{D1}+\delta_{D2}+\delta_L=70.4+18.8+17.1=106.3\ \text{mm}$$

$$\frac{1}{L/\Sigma\delta}=\frac{1}{24000/106.3}=\frac{1}{226}>\frac{1}{1600}$$

依据《混桥》4.1.4,“当由恒载及静活载引起的竖向挠度大于跨度的1/1 600时,需设置预拱度,其曲线与恒载及1/2静活载所产生的挠度曲线基本相同,但方向相反”。

跨中预拱度值 $f=\delta_{D1}+\delta_{D2}+\delta_L/2$

$=70.4+18.8+17.1/2=97.8$ mm

2.5.4 梁端转角

$$\theta = \frac{3.2 \times \delta_L}{L}$$

$$= \frac{3.2 \times 17.1}{24000} = 2.3 \times 10^{-3} < [\theta] = 3.0 \times 10^{-3}$$

2.5.5 固有振动数

依据恒载,计算固有振动数。

$W_d = 377.58 + 202.90 = 580.48$ kN/m　　（一期恒载 + 二期恒载）

$g = 9.81$ m/sec$^2$

简支梁的固有振动数

$$f = \frac{1}{2\pi} \times \frac{\pi^2}{L^2} \times \sqrt{\frac{0.8 \cdot E_c \cdot I_{vc} \cdot g}{W_d}}$$

$$= \frac{1}{2\pi} \times \frac{\pi^2}{24.0^2} \times \sqrt{\frac{0.8 \cdot 34500000 \times 1.709477 \times 9.81}{580.48}}$$

$$= 2.44 \text{ Hz}$$

## 2.6 裂纹检算

前提：劲性梁混凝土裂纹检算中，将钢梁下翼缘板也当做受拉钢筋，参与计算。腹板忽略不计。
依照《混桥》5.2.8，跨中换算截面混凝土裂纹宽度检算如下

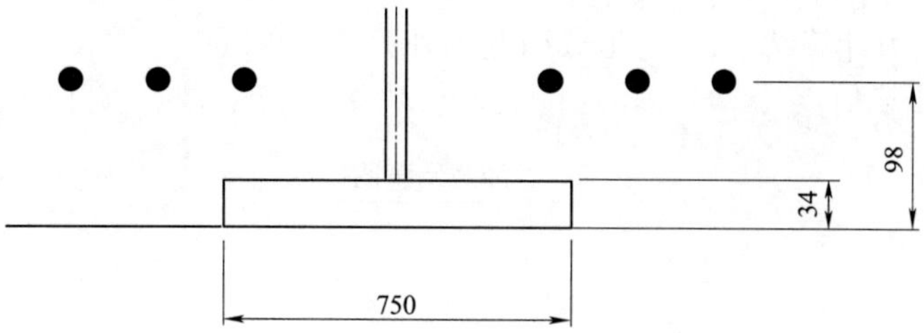


裂缝宽度检算

$w_f = K_1 \times K_2 \times r \times (\sigma_s / E_s) \times [80 + (8 + 0.4d)/\mu_z^{0.5}]$

$= 0.8 \times 1.397 \times 1.023 \times (105 / 210000) \times [80 + (8 + 0.4 \times 20)/0.5508^{0.5}]$

$= 0.06\ \text{mm} < [w_f] = 0.20\ \text{mm}$　　（无防护措施）　　《混桥》5.2.8

式中　$w_f$——计算裂缝宽度（mm）

$K_1$——钢筋表面形状影响系数，带肋钢筋采用　$K_1 = 0.8$

$K_2$——荷载特征影响系数　$K_2 = 1 + \alpha \times M_1/M + 0.5 \times M_2/M = 1.397$

$\alpha$——系数，带肋钢筋　$\alpha = 0.3$

$M_1$——跨中位置活载作用下的弯矩（含动力系数）$M_1 = 15619\ \text{kN·m}$

$M_2$——跨中位置恒载作用下的弯矩　$M_2 = 14760\ \text{kN·m}$

$M$——跨中位置全部荷载作用下的弯矩　$M = 30379\ \text{kN·m}$

$x$——跨中位置换算截面中性轴（至梁顶）　$x = 514.4\ \text{mm}$

$r$——跨中位置换算截面中性轴至受拉边缘的距离与中性轴至受拉钢筋重心的距离之比

$r = (1500 - x) / (1500 - x - 22.6) = 1.023$

$\sigma_s$——受拉钢筋重心处钢筋应力

$\sigma_s = n \times M \times y / I_{vc}$

$= 6.09 \times 30379 \times 10^6 \times 963.0 / (1.7021 \times 10^{12}) = 105\ \text{N/mm}^2$

$y$——跨中位置换算截面中性轴至受拉钢筋重心的距离

$y = H - x - a = 1500 - 514.4 - 22.6 = 963.0\ \text{mm}$

$H$——梁高　$H = 1500\ \text{mm}$

$a$——受拉钢筋距受拉边缘的距离

$a = \Sigma A_s \times Y / \Sigma A_s$

$= (8 \times 750 \times 34 \times 17 + 48 \times 314.2 \times 98) / \Sigma A_s$

$= (204000 \times 17 + 15080 \times 98) / (204000 + 15080)$

$= 22.6\ \text{mm}$

$I_{vc}$——跨中换算截面二次惯性矩　$I_{vc} = 1.7021\ \text{m}^4$　　（参照2.4强度检算）

$n$——弹性模量比　$n = E_s / E_c = 210000 / 34500 = 6.09$

$E_c$——钢筋混凝土弹性模量　$E_c = 34500\ \text{N/mm}^2$

$d$——螺纹筋直径　$d = 20\ \text{mm}$

$\mu_z$——有效配筋率　$\mu_z = \Sigma A_s / A_c = 219080 / 397760 = 0.5508$

$A_s$——钢筋截面积　$A_s = 204000 + 15080 = 219080\ \text{mm}^2$

$A_c$——受拉钢筋相重的混凝土面积　$A_c = 2 \times a \times b = 2 \times 22.6 \times 8800 = 397760\ \text{mm}^2$

## 2.7 疲劳检算

依据《钢桥》4.3.3，“双线铁路主梁构件计算疲劳时，按一线偏心加载并以杠杠原理分配于主梁，并以双线系数 $\gamma_d$ 修正”。为了简化计算，以线路中心为界，单线加载所分配的图示如下。

疲劳计算时，单线活载作用在6片主梁上。

外力可采用§2.3外力计算结果，并将恒载引起的外力予以折减。

运营动力系数仍采用原值。

加载示意图

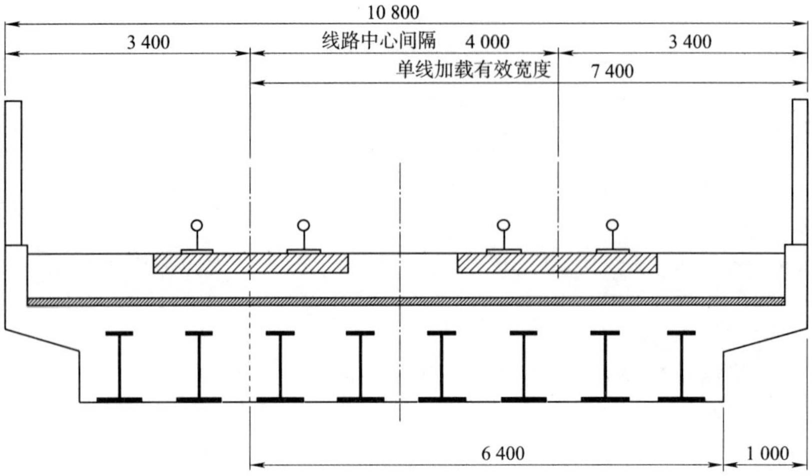


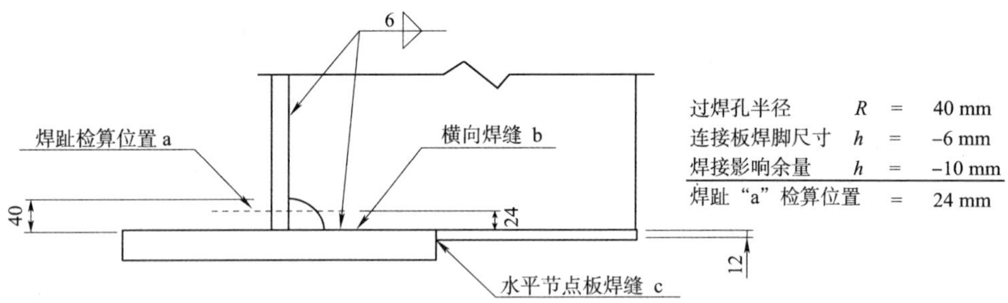


### 2.7.1 外力

跨中外力一览表(疲劳计算用)

| 节点 | 荷载类型 | 符号 | 弯矩(kN·m) | | | 剪力(kN) | | | 备注 |
|---|---|---|---|---|---|---|---|---|---|
| | | | 计算值 | 系数 | 设计值 | 计算值 | 系数 | 设计值 | |
| 13 | 一期恒载 | $D_1$ | 27360 | 0.75 | 20520 | 0 | 0.75 | 0 | 恒载折减 = 6片梁/8片梁 = 0.75 |
| | 二期恒载 | $D_2$ | 14760 | 0.75 | 11070 | 0 | 0.75 | 0 | |
| | 恒载合计 | $D$ | | | 31590 | | | 0 | |
| | 列车活载 | $L$ | 7480 | 1.00 | 7480 | 451 | 1.00 | 451 | |
| | 动力荷载 | $\mu$ | 1197 | 1.00 | 1197 | 93 | 1.00 | 93 | |
| | 活载合计 | $L+\mu$ | | | 8677 | | | 544 | |

2.7.2 跨中截面特性

| 混凝土截面 | | | | | 钢梁·钢筋 | | | | | | | | | |
|---|---|---|---|---|---|---|---|---|---|---|---|---|---|---|
| 桥面板宽 | $b_e$ | = | 7.400 | m | 受压钢筋 | $(A_{rc})$ 45.0 | - | Φ | 12 | 113.1 | 52 | = | 5089 | $mm^2$ |
| 桥面板厚 | $t_e$ | = | 0.200 | m | 上翼缘板 | $(A_{sc})$ 6 | - | U. FLG | 400 | × | 24 | = | 57600 | $mm^2$ |
| 悬臂长度 | $b$ | = | 1.000 | m | 腹板 | $(A_{sw})$ 6 | - | Web | 1290 | × | 12 | = | 92880 | $mm^2$ |
| 劲性梁宽 | $b_w$ | = | 6.400 | m | 下翼缘板 | $(A_{st})$ 6 | - | L. FLG | 750 | × | 34 | = | 153000 | $mm^2$ |
| 劲性梁高 | $h_w$ | = | 1.500 | m | 受拉钢筋 | $(A_{rt})$ 36.0 | - | Φ | 20 | 314.2 | 98 | = | 11310 | $mm^2$ |
| 钢梁高度 | $h_s$ | = | 1.348 | m | | | | | | | | | | |

| | | | | | | | | |
|---|---|---|---|---|---|---|---|---|
| 混凝土 C45 | $[\sigma_b]$ | = | $f_c/K_1$ | = 30 / 2.00 | = 15 $N/mm^2$ | $E_c$ | = | 34500 $N/mm^2$ |
| 钢材 Q370q | $[\sigma]$ | = | $\sigma_b/K_2$ | = 510 / 2.50 | = 204 $N/mm^2$ | $E_s$ | = | 210000 $N/mm^2$ |
| 钢筋 HRB335 | $[\sigma_s]$ | = | $f_s/K_3$ | = 335 / 1.86 | = 180 $N/mm^2$ | $E_r$ | = | 200000 $N/mm^2$ |

截面中性轴试算

| 项目 | | b | t | A | y | $y_0-y$ | ε | E | $\sigma_y$ | $\Delta P=A\cdot\sigma_y$ |
|---|---|---|---|---|---|---|---|---|---|---|
| | | m | m | $m^2$ | m | m | 0.00002899 | $N/mm^2$ | E·ε | |
| 混凝土 | ① | 7.400 | | | 0.0000 | 0.5268 | 0.00002899 | 34500 | 1.0000 | |
| | ① | 7.400 | 0.2000 | 1.4800 | 0.2000 | 0.3268 | 0.00001798 | 34500 | 0.6200 | 1.199 |
| | ② | 6.400 | | | 0.2000 | 0.3268 | 0.00001798 | 34500 | 0.6200 | |
| | ② | 6.400 | 0.3268 | 2.0915 | 0.5268 | 0.0000 | 0.00000000 | 34500 | 0.0000 | 0.648 |
| 钢梁 | 6 - U. FLG | 0.400 | 0.0240 | 0.0576 | 0.1640 | 0.3628 | 0.00001996 | 210000 | 4.1920 | 0.241 |
| | 6 - Web | 0.012 | 0.3508 | 0.0253 | 0.3514 | 0.1754 | 0.00000965 | 210000 | 2.0270 | 0.051 |
| | 6 - Web | 0.012 | 0.9392 | 0.0676 | 0.9964 | -0.4696 | -0.00002584 | 210000 | -5.4260 | -0.367 |
| | 6 - L. FLG | 0.750 | 0.0340 | 0.1530 | 1.4830 | -0.9562 | -0.00005261 | 210000 | -11.0480 | -1.690 |
| 钢筋 | 受压区 | 45 × Φ 12 | | 0.005089 | 0.0520 | 0.4748 | 0.00002612 | 200000 | 5.2240 | 0.027 |
| | 受拉区 | 36 × Φ 20 | | 0.011310 | 1.4020 | -0.8752 | -0.00004816 | 200000 | -9.6320 | -0.109 |
| Σ 混凝土 | | | | | | | | | | 1.847 |
| Σ 钢梁 | | | | | | | | | | -1.765 |
| Σ 钢筋 | | | | | | | | | | -0.082 |
| Σ 合计(换算混凝土) | | | | | | | | | | 0.000 |
| 假定中性轴(桥面板顶为基准) | | | | | $y_0$ = 0.52680 m | | | | | |

钢梁与混凝土的弹性模量比 $n$ = 6.09

截面特性计算

钢筋与混凝土的弹性模量比 $n$ = 5.80

| | | b | t | $A_{RC}$ | Y | $I_{ORC}$ | $I_{ORC}+A_{RC}\cdot Y^2$ |
|---|---|---|---|---|---|---|---|
| 单位 | | m | m | $m^2$ | m | $m^4$ | $m^4$ |
| 混凝土 | ① | 7.400 | 0.2000 | 1.4800 | 0.4268 | 0.0049333 | 0.2745 |
| | ② | 6.400 | 0.3268 | 2.0915 | 0.1634 | 0.0186142 | 0.0745 |
| 钢梁 | 6 - U. FLG | 0.400 | 0.0240 | 0.2932 | 0.3628 | 0.0000141 | 0.0386 |
| | 6 - Web | 0.012 | 1.2900 | 0.4728 | -0.2942 | 0.0655599 | 0.1065 |
| | 6 - L. FLG | 0.750 | 0.0340 | 0.7788 | -0.9562 | 0.0000750 | 0.7121 |
| 钢筋 | 受压区 | 45 × Φ 12 | | 0.0244 | 0.4748 | - | 0.0055 |
| | 受拉区 | 36 × Φ 20 | | 0.0543 | -0.8752 | - | 0.0416 |
| Σ 混凝土 | | | | | | | 0.3490 |
| Σ 钢梁 | | | | | | | 0.8572 |
| Σ 钢筋 | | | | | | | 0.0471 |
| Σ 合计(换算混凝土) | | | | | | $I_{vc}$ = | 1.2533 |
| 中性轴(桥面板顶为基准) | | | $y_0$ = 0.52680 m | | | | |

2.7.3　疲劳应力检算

截面特性　换算截面二次惯性矩　$I_{vc}$ = 1253300000000 mm$^4$

腹板底至中性轴距离　$Y_b$ = 956.2 − 34 / 2 = 939.2 mm

腹板竖肋下端焊趾　$Y_a$ = 939.2 − 24 = 915.2 mm

横梁下翼缘板下端　$Y_c$ = 939.2 + 12 = 951.2 mm

钢梁腹板总面积　$A_w$ = 92880 mm$^2$

应力计算　a − 正应力　$\sigma_a = n \times M_{L+\mu} \times Y_a / I_{vc}$

$= 6.09 \times 8677 \times 10^6 \times 915.2 / 1253300000000$

$= 38.6$ N/mm$^2$

a − 剪应力　$\tau_a = S_L / A_w = 544 \times 10^3 / 92880 = 5.9$ N/mm$^2$

a − 主拉应力　$\sigma_{al} = \sigma_a / 2 + \sqrt{(\sigma_a / 2)^2 + \tau_a^2} = 39.5$ N/mm$^2$

b − 正应力　$\sigma_b = \sigma_a \times Y_b / Y_a = 38.6 \times 939.2 / 915.2 = 39.6$ N/mm$^2$

c − 正应力　$\sigma_c = \sigma_a \times Y_c / Y_a = 38.6 \times 951.2 / 915.2 = 40.1$ N/mm$^2$

疲劳容许应力计算

$\rho = \sigma_{min} / \sigma_{max} = M_D / M_{D+L+\mu}$

$= 31590 / (31590 + 8677) = 0.785 \geqslant -1$　疲劳应力为拉—拉构件

$r_d$ —— 双线桥的双线系数；　$r_d = 1.19$

$r_n$ —— 损伤修正系数；　$l > 20$ m　$r_n = 1.0$

$r_t$ —— 板厚修正系数；　a − 腹板竖肋板厚度　$t = 12$ mm $\leqslant 25$ mm　$r_t = 1.0$

b − 横梁连接板厚度　$t = 12$ mm $\leqslant 25$ mm　$r_t = 1.0$

c − 水平节点板厚度　$t = 12$ mm $\leqslant 25$ mm　$r_t = 1.0$

*a* − 疲劳容许应力幅类别 − 腹板竖肋焊缝端部　Ⅶ　$[\sigma_0] = 99.9$ N/mm$^2$

*b* − 疲劳容许应力幅类别 − 横梁横向角焊缝　Ⅶ　$[\sigma_0] = 99.9$ N/mm$^2$

*c* − 疲劳容许应力幅类别 − 水平节点板手工焊缝　Ⅺ　$[\sigma_0] = 60.2$ N/mm$^2$

疲劳应力检算

a − 腹板竖肋焊缝端部

$r_d \times r_n \times \sigma_{al} = 1.19 \times 1.0 \times 39.5$　《钢规》(4.3.5−1)

$= 47$ N/mm$^2$ $\leqslant r_t \times [\sigma_0] = 1.0 \times 99.9 = 99.9$ N/mm$^2$

b − 横梁横向角焊缝

$r_d \times r_n \times \sigma_b = 1.19 \times 1.0 \times 39.6$　《钢规》(4.3.5−1)

$= 47$ N/mm$^2$ $\leqslant r_t \times [\sigma_0] = 1.0 \times 99.9 = 99.9$ N/mm$^2$

c − 水平节点板手工焊缝

$r_d \times r_n \times \sigma_c = 1.19 \times 1.0 \times 40.1$　《钢规》(4.3.5−1)

$= 48$ N/mm$^2$ $\leqslant r_t \times [\sigma_0] = 1.0 \times 60.2 = 60.2$ N/mm$^2$

## 2.8 施工检算

前提:

1. 由于混凝土硬化后,主梁上翼缘板提供的承载力很小,所以通常情况下主梁上翼缘板的截面尺寸较小。但是混凝土硬化前的一期恒载仅由钢梁承受,所以施工阶段检算位置为主梁上翼缘板总体稳定。

2. 《钢桥》公式 4.2.2—2 容许应力为 $\Phi_2 \times [\sigma]$。施工阶段钢梁为纯受弯构件,故采用 $\Phi_2 \times [\sigma_w]$。

3. 依据《钢桥》表 3.2.8,“钢梁安装施工阶段,主力作用下的容许应力提高系数为 1.2”。

4. 施工荷载:架设时的临时步道及支承型钢等重量。

5. 受拉翼缘板伸出肢即便不在局部稳定检算范围内,但是也不是无限制地放宽。借鉴日本规范,受拉翼缘板伸出肢的宽厚比限制值为 16。

2.8.1 材料容许应力

[MPa]

| 钢材牌号 | 厚度(mm) | $[\sigma]$ | $[\sigma_w]$ | $[\tau]=0.6\times[\sigma]$ |
|---|---|---|---|---|
| Q370q | $t \leqslant 16$ | 210.0 | 220.5 | 126.0 |
| | 16 ~ 35 | 204.0 | 214.2 | 122.4 |
| | 35 ~ 60 | 194.1 | 203.8 | 116.5 |

2.8.2 施工附加荷载

施工荷载 $E_R$ = 2.0 kN/m²

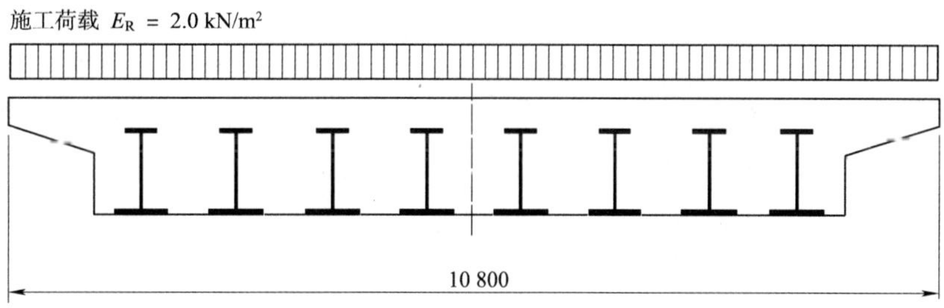


2.8.3 外力计算

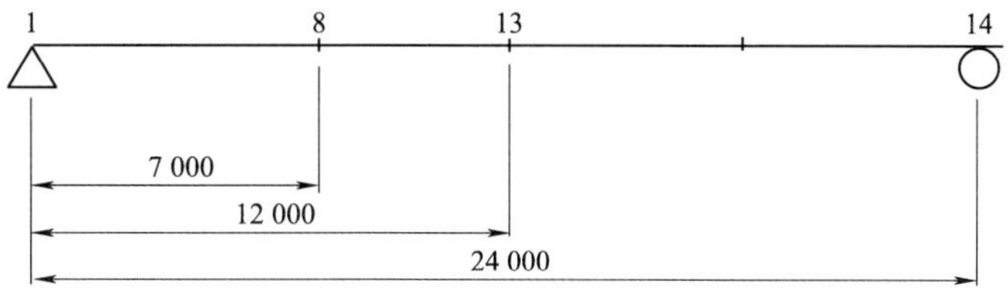


| | | | |
|---|---|---|---|
| 一期恒载 | $W_{D1}$ = | 380.0 / 8 个 | = 47.50 |
| 临时荷载 | $E_R$ = 2.0 | × 10.800 / 8 个 | = 2.70 |
| 施工荷载 | | $q$ | = 50.20 kN/m |

跨中弯矩 Section—1 point 13

$M_{跨中}$ = $1/8 \times q \times L^2$

= $1 / 8 \times 50.20 \times 24.000^2$

= 3614.4 kN·m

变截面位置 Section—2 point 8

$M_8$ = $[M_{跨中}] \times [4 \times (X/L - X^2/L^2)]$

= $3614.4 \times [4 \times (7.0 / 24.0 - 7.0^2 / 24.0^2)]$

= 2986.9 kN·m

## 2.8.4 截面特性

| 钢梁截面 - point 13 | $A$ ($mm^2$) | $y$ (mm) | $A\times y$ ($mm^3$) | $A\times y^2$ ($mm^4$) | $I_{x0}$ ($mm^4$) | $I_{y0}$ ($mm^4$) |
|---|---|---|---|---|---|---|
| 1 - U. FLG. PL 400 × 24 | 9600 | -657 | -6307200 | 4143800000 | 500000 | 128000000 |
| 1 - Web. PL 1290 × 12 | 15480 | | | | 2146700000 | 200000 |
| 1 - L. FLG. PL 750 × 34 | 25500 | 662 | 16881000 | 11175200000 | 2500000 | 1195300000 |
| $A$ = | 50580 | | 10573800 | | 17468700000 | 1323500000 |
| $\delta$ = | 209.05 mm | | $\Delta I$ | $= A\times\delta^2 =$ | -2210400000 | |
| $y_u$ = | 878.1 mm | | | $I_x, I_y$ = | 15258300000 | 1323500000 |
| $r_x$ = | 549.2 mm | | | | | |
| $r_y$ = | 161.8 mm | | | | | |
| $h$ = | 1348 mm | | | | | |
| 主梁上翼缘板宽厚比 $b/t$ = | 8.08 | $\leqslant [b/t] = 12$ | | | | |
| 主梁下翼缘板宽厚比 $b/t$ = | 10.85 | $\leqslant [b/t] = 16$ | | | | |

| 钢梁截面 - point 8 | $A$ ($mm^2$) | $y$ (mm) | $A\times y$ ($mm^3$) | $A\times y^2$ ($mm^4$) | $I_{x0}$ ($mm^4$) | $I_{y0}$ ($mm^4$) |
|---|---|---|---|---|---|---|
| 1 - U. FLG. PL 400 × 18 | 7200 | -654 | -4708800 | 3079600000 | 200000 | 96000000 |
| 1 - Web. PL 1290 × 12 | 15480 | | | | 2146700000 | 200000 |
| 1 - L. FLG. PL 600 × 34 | 20400 | 662 | 13504800 | 8940200000 | 2000000 | 612000000 |
| $A$ = | 43080 | | 8796000 | | 14168700000 | 708200000 |
| $\delta$ = | 204.18 mm | | $\Delta I$ | $= A\times\delta^2 =$ | -1796000000 | |
| $y_u$ = | 867.2 mm | | | $I_x, I_y$ = | 12372700000 | 708200000 |
| $r_x$ = | 535.9 mm | | | | | |
| $r_y$ = | 128.2 mm | | | | | |
| $h$ = | 1342 mm | | | | | |
| 主梁上翼缘板宽厚比 $b/t$ = | 10.8 | $\leqslant [b/t] = 12$ | | | | |
| 主梁下翼缘板宽厚比 $b/t$ = | 8.65 | $\leqslant [b/t] = 16$ | | | | |

2.8.5 截面总体稳定检算

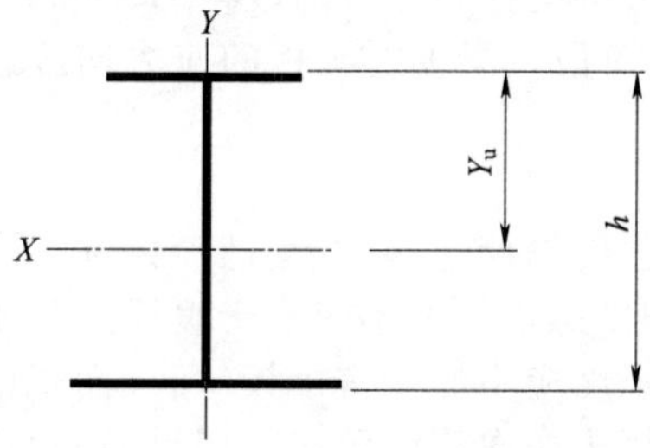


Section—1 主梁上翼缘板

$$\sigma = \frac{M \times y_u}{I_x} = \frac{3614.4 \times 10^6 \times 878.1}{15258300000}$$

$$= 208\ \text{N/mm}^2 < \Phi_2 \cdot [\sigma_w] \times 1.2 = 0.90 \times 214.2 \times 1.2 = 231.3\ \text{N/mm}^2$$

式中:工字钢换算长细比 $\lambda_e$

$$\lambda_e = \alpha \times \frac{l_o \times r_x}{h \times r_y} = 1.8 \times \frac{2000 \times 549.2}{1348 \times 161.8} = 9.1$$

$\Phi_2 = 0.900$

$l_0 = 2000$ mm　　上翼缘板横向支承点间隔

$\alpha = 1.8$

**表 3.2.6　中心受压折减系数**

| $\lambda_e$ | $\Phi_2$ |
|---|---|
| 30.0 | 0.900 |
| 9.1 | 0.900 |
| 30.0 | 0.900 |

Section—2 主梁上翼缘板

$$\sigma = \frac{M \times y_u}{I_x} = \frac{2986.9 \times 10^6 \times 867.2}{12372700000}$$

$$= 209\ \text{N/mm}^2 < \Phi_2 \cdot [\sigma_w] \times 1.2 = 0.90 \times 214.2 \times 1.2 = 231.3\ \text{N/mm}^2$$

式中:工字钢换算长细比 $\lambda_e$

$$\lambda_e = \alpha \times \frac{l_0 \times r_x}{h \times r_y} = 1.8 \times \frac{2500 \times 535.9}{1342 \times 128.2} = 14.0$$

$\Phi_2 = 0.900$

$l_0 = 2500$ mm　　上翼缘板横向支承点间隔

$\alpha = 1.8$

**表 3.2.6　中心受压折减系数**

| $\lambda_e$ | $\Phi_2$ |
|---|---|
| 30.0 | 0.900 |
| 14.0 | 0.900 |
| 30.0 | 0.900 |

## 2.9 拼接计算

综合制造,运输,架设等诸项条件,将梁分为左右两段各 12.300 m 较为合理。

外力作用下主梁下翼缘板及施工阶段主梁上翼缘板的应力均接近容许应力。所以拼接计算按照母材的承载能力进行检算。

拼接原则如下

《钢桥》6.1.7:"板梁翼缘用高强度螺栓连接时,其螺栓数量应按连接杆件的承载能力计算。"

《钢桥》6.1.7:"板梁腹板拼接时,螺栓强度不应小于腹板抗弯强度与最大剪力的组合强度。"

《钢桥》6.1.8:"高强度螺栓的强度应不低于拼接板(净截面积或有效截面积)强度。"

《钢桥》8.0.10:"板梁翼缘的拼接板净面积应较被拼接板部分的净面积增大 10% 。"

《钢桥》8.0.10:"板梁腹板拼接时,拼接板净截面抵抗矩应大于被拼接腹板的净截面抵抗矩。"

拼接示意图

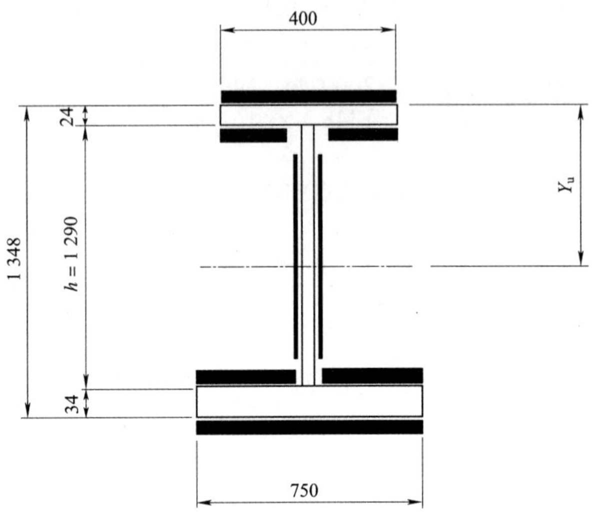


2.9.1 钢材容许应力

材质:Q370q

| [t] | [σ] | | | | [$\sigma_W$] | |
|---|---|---|---|---|---|---|
| ≤ 16 mm | 210.0 | × | 1.05 | = | 220.5 | N/mm$^2$ |
| 16 ~ 35 mm | 204.0 | × | 1.05 | = | 214.2 | N/mm$^2$ |
| 35 ~ 60 mm | 194.1 | × | 1.05 | = | 203.8 | N/mm$^2$ |

2.9.2 高强度螺栓的容许抗滑承载力

高强度螺栓的容许抗滑承载力计算

高强度螺栓规格: M22

高强度螺栓孔径: 24 mm

高强度螺栓的容许抗滑承载力: $[P] = n \times m \times N \times \mu_0 / k$

$= 1 \times 2 \times 200 \times 0.45 / 1.7$

$= 105.9$ kN

高强度螺栓个数: $n$ = 1

高强度螺栓抗滑面数: $m$ = 2

高强度螺栓的设计预拉力: $N$ = 200 kN

高强度螺栓的设计抗滑移系数: $\mu_0$ = 0.45

安全系数: $k$ = 1.7

2.9.3 拼接检算

2.9.3.1 上翼缘板拼接

上翼缘板受压容许应力折减值 $\Phi_2$ 取自 2.8.5 总体稳定计算。

上翼缘板截面 1 - PL 400 × 24 $A_u$ = 9600 $mm^2$

上翼缘板弯曲容许应力 $[\sigma_W]$ = 214.2 $N/mm^2$

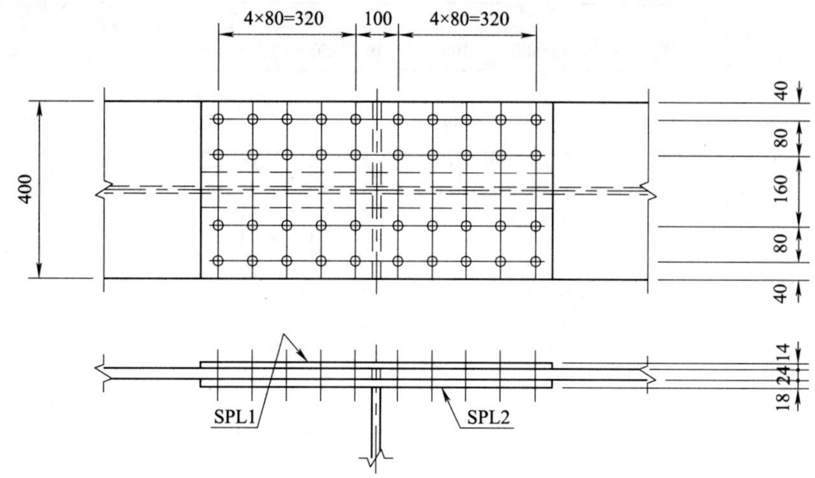


螺栓数量 $n_1 = A_u \times \Phi_2 \times [\sigma_W] / [P]$

$= 9600 \times 0.90 \times 214.2 \times 10^{-3} / 105.9$

$= 17.5$ 个

拼接板厚度 $t_1 = 1.1 \times A_u/2/b_1 = 1.1 \times 9600 / 2 / 400 = 13.2$ mm

$t_2 = 1.1 \times A_u/4/b_2 = 1.1 \times 9600 / 4 / 160 = 16.5$ mm

$A_{pj1} = 1 \times 400 \times 13.2 = 5280$ $mm^2$

$A_{pj2} = 2 \times 160 \times 16.5 = 5280$ $mm^2$

拼接板截面 SPL1 1 - PL 400 × 14

SPL2 2 - PL 160 × 18

螺栓强度检算(螺栓的计算强度应不低于拼接板的计算强度)

| | $A_{pj}$ | | $\Phi_1$ | | $[\sigma]$ | | $[P]$ | | |
|---|---|---|---|---|---|---|---|---|---|
| SPL1 | 5280 | × | 0.90 | × | 210.0 | $\times 10^{-3}$ / | 105.9 | = | 9.4 个 |
| SPL2 | 5280 | × | 0.90 | × | 204.0 | $\times 10^{-3}$ / | 105.9 | = | 9.2 个 |
| | | | | | | | $n_2$ | = | 18.6 个 |

$n = \text{Max}(n_1, n_2) = 18.6$ 个

2.9.3.2 下翼缘板拼接

下翼缘板截面　1 － PL 750 × 34　$A_d$ = 25 500 $mm^2$

下翼缘板弯曲容许应力　$[\sigma_W]$ = 214.2 $N/mm^2$

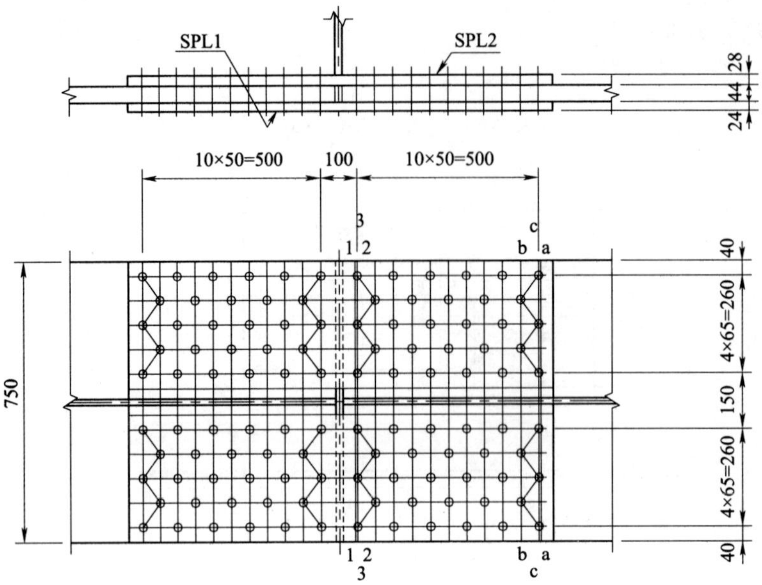


螺栓数量　$n_1 = A_d \times [\sigma_w] / [P]$

$= 25\,500 \times 214.2 \times 10^{-3} / 105.9$

$= 51.6$ 个

母材补强厚度

a—a　$t_a = A_d / (b - n_{列1} \times d)$

$= 25\,500 / (750 - 6 \times 24)$

$= 42.1$ mm

b—b　$t_a = [A_d - n_{列1} \times [P] / [\sigma_W]] / (b - n_{列2} \times d)$

$= [25\,500 - 6 \times 105.9 \times 10^3 / 214.2] / (750 - 4 \times 24)$

$= [22\,534] / (654.0)$

$= 34.5$ mm

c—c　$t_a = A_d / (b - n_{列3} \times d)$

$= 25\,500 / (750 - 2 \times 24 - 8 \times 14.4)$

$= 43.5$ mm

$w = d - p^2 / (4 \times g)$

$= 24 - 50^2 / (4 \times 65)$

$= 14.4$ mm

母材补强板厚度理论值　$t_a$ = 43.5 mm

拼接板

1—1　SPL1　1 － PL 750 × 23.14

$A_{pj11} = (750 - 6 \times 24) \times 23.14$

$= 14\,025\ \text{mm}^2 \geqslant 1.1 \times A_d/2 = 14\,025\ \text{mm}^2$

SPL2　2 － PL 340 × 26.17

$A_{pj12} = 2 \times (340 - 3 \times 24) \times 26.17$

$= 14\,025\ \text{mm}^2 \geqslant 1.1 \times A_d/2 = 14\,025\ \text{mm}^2$

2—2　$A_{d2} = 1.1 \times A_d - 6 \times 105.9 \times 10^3 / 214.2$

$= 28\,050 - 2\,966 = 25\,084\ \text{mm}^2$

SPL1　1 － PL 750 × 19.18

$A_{pj21} = (750 - 4 \times 24) \times 19.18$

$= 12\,542\ \text{mm}^2 \geqslant A_{d2}/2 = 12\,542\ \text{mm}^2$

SPL2　2 － PL 340 × 21.48

$A_{pj22} = 2 \times (340 - 2 \times 24) \times 21.48$

$= 12\,542\ \text{mm}^2 \geqslant A_{d2}/2 = 12\,542\ \text{mm}^2$

3—3　SPL1　1 － PL 750 × 23.90

$A_{pj31} = (750 - 2 \times 24 - 8 \times 14.4) \times 23.90$

$= 14\,025\ \text{mm}^2 \geqslant 1.1 \times A_d/2 = 14\,025\ \text{mm}^2$

SPL2　2 － PL 340 × 27.13

$A_{pj32} = 2 \times (340 - 1 \times 24 - 4 \times 14.4) \times 27.13$

$= 14\,025\ \text{mm}^2 \geqslant 1.1 \times A_d/2 = 14\,025\ \text{mm}^2$

$w = d - p^2 / (4 \times g)$

$= 24 - 50^2 / (4 \times 65)$

$= 14.4\ \text{mm}$

$t_{pj1} = \text{Max}(t_{pj11}, t_{pj21}, t_{pj31}) = 23.90\ \text{mm}$

$t_{pj2} = \text{Max}(t_{pj12}, t_{pj22}, t_{pj32}) = 27.13\ \text{mm}$

拼接板截面

SPL1　1 － PL 750 × 24

SPL2　2 － PL 340 × 28

螺栓强度检算

| | $A_{pj}$ | | $[\sigma]$ | | | $[P]$ | | | |
|---|---|---|---|---|---|---|---|---|---|
| SPL1 | 14 025 | × | 204.0 | × $10^{-3}$ | / | 105.9 | = | 27.02 | 个 |
| SPL2 | 14 025 | × | 204.0 | × $10^{-3}$ | / | 105.9 | = | 27.02 | 个 |
| | | | | | | $n_2$ | = | 54.0 | 个 |

$n = \text{Max}(n_1, n_2) = 54.0$ 个

2.9.3.3 腹板拼接

腹板截面 1 − PL 1 290 × 12 $A_s$ = 15 480 mm$^2$

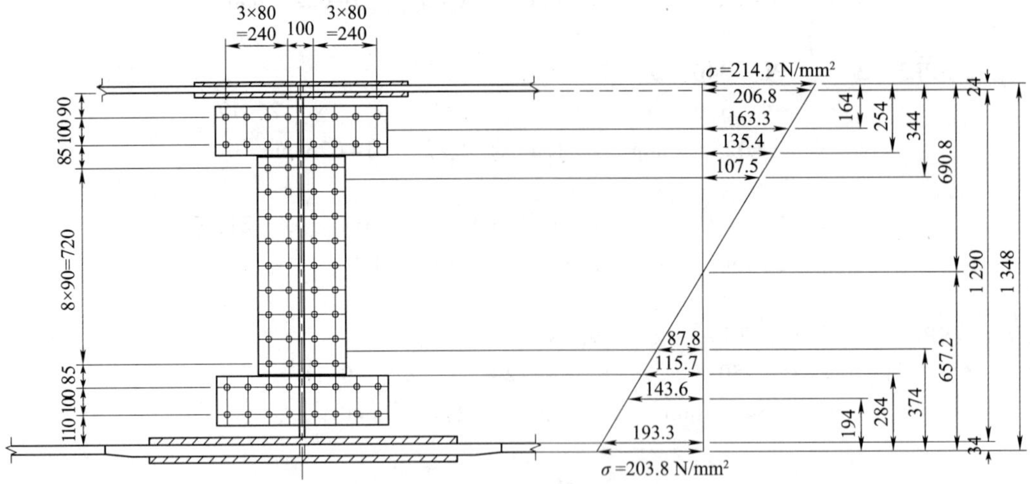


| | | | |
|---|---|---|---|
| 梁高 | $h$ | = 1348.0 | mm |
| | $Y_u$ | = 690.8 | mm |
| | $Y_l$ | = 657.2 | mm |
| 上翼缘板顶端 | $\sigma_{fu}$ | = 214.2 | N/mm$^2$ |
| 腹板上缘 | $\sigma_{wu}$ | = 206.8 | N/mm$^2$ |
| 腹板下缘 | $\sigma_{wd}$ | = 193.3 | N/mm$^2$ |
| 下翼缘板底端 | $\sigma_{fd}$ | = 203.8 | N/mm$^2$ |
| 剪力 | $V$ | = 979 | kN |
| 高强度螺栓个数 | $n$ | = 34 | 个 |

受拉侧高强度螺栓的检算

| 检算位置 | 螺栓应力 | | 腹板分担的截面积 | | | $P_x$ | | |
|---|---|---|---|---|---|---|---|---|
| | $\sigma_M$ | $\sigma_{平均}$ | $B_{web}$ | $t_{web}$ | $A_{web}$ | $P_{xi}$ | $n_x$ | $p_{xi-1}$ |
| | N/mm$^2$ | N/mm$^2$ | mm | mm | mm | kN | 个 | kN/个 |
| 3～4 排螺栓间 | 87.8 | 101.8 | 90 | × 12 | = 1 080 | 109.9 | 2 | 55.0 |
| 2～3 排螺栓间 | 115.7 | 129.7 | 90 | × 12 | = 1 080 | 140.1 | 4 | 35.0 |
| 1～2 排螺栓间 | 143.6 | | | | | | | |
| 腹板最下缘 | 193.3 | 168.5 | 160 | × 12 | = 1 920 | 323.4 | 4 | 80.9 |

| 检算位置 | $P_y$ | | | $P_x$ | 合成力 判断 容许力 | | | 结论 |
|---|---|---|---|---|---|---|---|---|
| | $V$ | $\Sigma n_i$ | $P_{yi-1}$ | $P_{xi-1}$ | $\rho$ | | $[P]$ | |
| | kN | 个 | kN/个 | kN/个 | kN/个 | | kN/个 | |
| 3～4 排螺栓间 | 979 | 34 | 28.8 | 55.0 | 62.1 | < | 105.9 | ok |
| 2～3 排螺栓间 | | | | 35.0 | 45.3 | < | 105.9 | ok |
| 1～2 排螺栓间 | | | | | | | | |
| 腹板最下缘 | | | | 80.9 | 85.9 | < | 105.9 | ok |

受压侧高强度螺栓的检算

| 检算位置 | 螺栓应力 | | 腹板分担的截面积 | | | | | $P_x$ | | |
|---|---|---|---|---|---|---|---|---|---|---|
| | $\sigma_M$ | $\sigma_{平均}$ | $B_{web}$ | | $t_{web}$ | | $A_{web}$ | $P_{xi}$ | $n_x$ | $P_{xi-1}$ |
| | N/mm$^2$ | N/mm$^2$ | mm | | mm | | mm$^2$ | kN | 个 | kN/个 |
| 腹板最上缘 | 206.8 | 185.1 | 140 | × | 12 | = | 1 680 | 310.9 | 4 | 77.7 |
| 1 ~2 排螺栓间 | 163.3 | 149.4 | 90 | × | 12 | = | 1 080 | 161.3 | 4 | 40.3 |
| 2 ~3 排螺栓间 | 135.4 | | | | | | | | | |
| 3 ~4 排螺栓间 | 107.5 | 121.5 | 90 | × | 12 | = | 1 080 | 131.2 | 2 | 65.6 |

| 检算位置 | $P_y$ | | | $P_x$ | 合成力 判断 容许力 | | | 结论 |
|---|---|---|---|---|---|---|---|---|
| | $V$ | $\Sigma_{ni}$ | $P_{yi-1}$ | $P_{xi-1}$ | $\rho$ | | $[P]$ | |
| | kN | 个 | kN/个 | kN/个 | kN/个 | | kN/个 | |
| 腹板最上缘 | 979 | 34 | 28.8 | 77.7 | 82.9 | < | 105.9 | ok |
| 1 ~2 排螺栓间 | | | | 40.3 | 49.5 | < | 105.9 | ok |
| 2 ~3 排螺栓间 | | | | | | | | |
| 3 ~4 排螺栓间 | | | | 65.6 | 71.6 | < | 105.9 | ok |

$$\rho = \sqrt{P_{xi-1}{}^2 + P_{yi-1}{}^2}$$

拼接板的检算

受压侧拼接板

拼接板的材质　　材质：Q370q

拼接板的截面　　2 − PL.　180 × 12

板高　$h = 40 + 100 + 40 = 180$ mm

计算板厚　$A = 2-\text{PL}.\ 180 \times 11.2 = 4\,034\ \text{mm}^2$　$t \rightarrow 12$ mm

$\geqslant A_{UW} = n \times [P] / [\sigma]$

$= 8 \times 105.9 \times 10^3 / 210.0$

$= 4\,034\ \text{mm}^2$

承剪拼接板

拼接板的材质　　材质：Q370q

拼接板的截面　　2 − PL.　800 × 10

板高　$h = 8 \times 90 + 40 \times 2 = 800$ mm

计算板厚　$A = 2-\text{PL}.\ 800 \times 9.8 = 15\,719\ \text{mm}^2$　$t \rightarrow 10$ mm

$\geqslant A_W = n \times [P] / [\tau]$

$= 18 \times 105.9 \times 10^3 / (210.0 / \sqrt{3})$

$= 15\,719\ \text{mm}^2$

受拉侧拼接板

拼接板的材质　　材质：Q370q

拼接板的截面　　2 − PL.　180 × 16

板高　$h = 40 + 100 + 40 = 180$ mm

计算板厚　$A = 2-\text{PL}.\ 180 \times 15.28 = 5\,500.4\ \text{mm}^2$　$t \rightarrow 16$ mm

$= 5\,500.4 - 2 \times (2 \times 24.0 \times 15.28)$

$= 4\,034\ \text{mm}^2$

$\geqslant A_{LW} = n \times [P] / [\sigma]$

$= 8 \times 105.9 \times 10^3 / 210.0$

$= 4\,034\ \text{mm}^2$

# §3 支座设计

## 3.1 支点反力

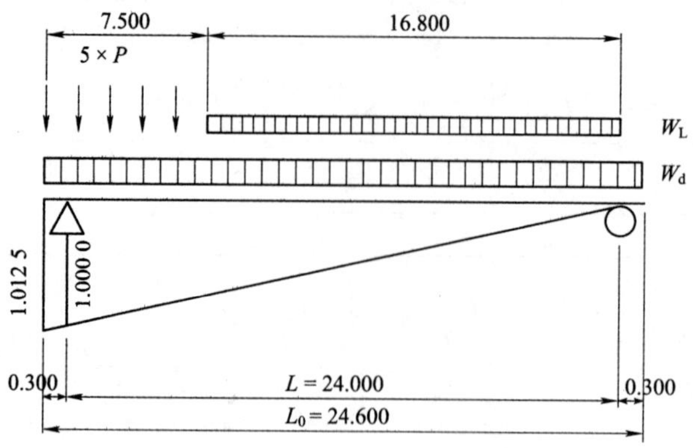


### 3.1.1 竖向反力

一期恒载 $R_{d1}$ = 1 / 2 × $W_{d1}$ × $L$ / $n$
= 1 / 2 × 380.0 × 24.60 / 8 个
= 4674.0 kN/端 / 8 个
= 584.3 kN/个

二期恒载 $R_{d2}$ = 1 / 2 × $W_{d2}$ × $L$ / $n$
= 1 / 2 × 205.0 × 24.60 / 8 个
= 2521.5 kN/端 / 8 个
= 315.2 kN/个

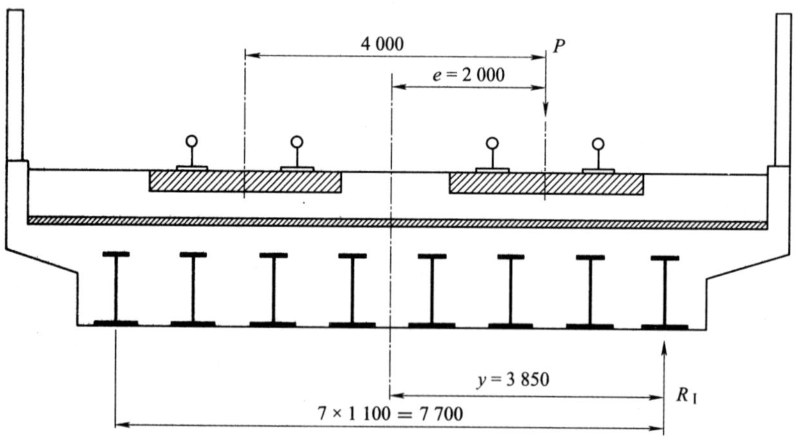


单线列车荷载作用时最大支承反力

反力 $R_1$ = $P$ / $n$ + ( $P$ × $e$ × $y$ / $I$ )
= $P$ / 8 个 + ( $P$ × 2.000 × 3.850 / 50.820 )
= 0.2765 $P$

设 $\eta$ = 0.2765

上式中 $I = (0.55^2 + 1.65^2 + 2.75^2 + 3.85^2) \times 2$
$= 50.82\ \text{m}^2$

复线列车荷载作用时支承反力

反力 $R_{II} = 2 \times P / n = 2 \times P / 8$ 个 $= 0.250\ P$

综上所述,单线列车作用下梁端最大支承反力较复线的平均值大。所以活载反力取单线列车作用下最大支承反力值。

| | | | | | | 系数 | | |
|---|---|---|---|---|---|---|---|---|
| 列车活载 | 1线 | × 220 | × 24.30 | / 24.00 | × | 1.000 | = | 222.8 |
| | 1线 | × 220 | × 22.80 | / 24.00 | × | 1.000 | = | 209.0 |
| | 1线 | × 220 | × 21.30 | / 24.00 | × | 1.000 | = | 195.3 |
| | 1线 | × 220 | × 19.80 | / 24.00 | × | 1.000 | = | 181.5 |
| | 1线 | × 220 | × 18.30 | / 24.00 | × | 1.000 | = | 167.8 |
| 1线 | × 16.80 | × 92 | × 16.80 | / 24.00 | × | 0.5 | = | 541.0 |
| | | | | | | $\Sigma L$ | = | 1517.4 kN/端 |

$R_1 = \Sigma L \times \eta = 1517.4 \times 0.2765 = 419.6$ kN/个

动力荷载 $R_{\mu} = R_1 \times \mu = 419.6 \times 0.139 = 58.3$ kN/个

地震影响 依据《抗震》7.1.4,“竖向地震作用可按结构恒载和活载总和的7%计入,或按水平地震基本加速度 $\alpha(=K_h)$ 值的65%进行动力分析”

设计水平震度: $K_h = 0.20$

恒活载部分 $K_{h0} = K_h \times 65\% = 0.20 \times 65\% = 13\% > 7\%$

| | $R$ | | $K_{h0}$ | | $H_{W1}$ |
|---|---|---|---|---|---|
| 一期恒载 | 584.3 | × | 13% | = | 76.0 |
| 二期恒载 | 315.2 | × | 13% | = | 41.0 |
| 活载 | 419.6 | × | 13% | = | 54.5 |
| | | | $R_{EQ}$ | = | 171.5 kN/个 |

3.1.2　桥轴方向水平反力

3.1.2.1　制动力或牵引力

依据《桥规》4.3.7，“制动力应按列车竖向静活载的10%计算。但当制动力与列车竖向动力作用同时计算时，应按列车竖向静活载的7%计算”。双线桥应采用一线的制动力。

$$B_1 = [5 \times 220 + (24.6 - 7.5) \times 92] \times 1\text{线} \times 10\% = 267.3\ \text{kN}$$

$$B_2 = [5 \times 220 + (24.6 - 7.5) \times 92] \times 1\text{线} \times 7\% = 187.1\ \text{kN}$$

3.1.2.2　长轨力

依据《轨道》附录H

伸缩力　$L_{R1} = W_{LR1} \times L \times n = 7\ \text{kN/m/轨} \times 24.60 \times 4\text{轨} = 688.8\ \text{kN}$

挠曲力　$L_{R2} = W_{LR2} \times L \times n = 11\ \text{kN/m/轨} \times 24.60 \times 4\text{轨} = 1\,082.4\ \text{kN}$

断轨力　$L_{R3} = W_{LR3} \times L \times n = 11\ \text{kN/m/轨} \times 24.60 \times 1\text{轨} = 270.6\ \text{kN}$

$\therefore\quad L_R = \text{Max}(L_{R1}, L_{R2}, L_{R3}) = 1\,082.4\ \text{kN}$

3.1.2.3　地震力

依据《抗震》7.1.4，“桥梁抗震检算，当桥上有车时，顺桥向不计活载引起的地震力”。

设计水平震度：$K_h = 0.20$

恒载　$E_{QD} = K_h \times (R_{d1} + R_{d2}) \times 2 = 0.20 \times (4\,674.0 + 2\,521.5) \times 2 = 2\,878.2\ \text{kN}$

3.1.3 桥轴直角方向水平反力

3.1.3.1 摇摆力

依据《桥规》4.3.8,横向摇摆力应取 100 kN,作为一个集中荷载取最不利位置,以水平方向垂直线路中心线作用于钢轨顶面。多线桥梁只计算任一线上的横向摇摆力。空车时应考虑横向摇摆力。

$H_{LF}$ = 100.0 kN/端

$H_{lf}$ = $H_{LF}$ / $n$ = 100.0 kN/端 / 8 个 = 12.5 kN/个

$R_{LF}$ = $H_{LF}$ × $h$ × $y$ / $I$

= 100.0 × 2.416 × 3.850 / 50.82 = 4.8 kN/个

摇摆力示意图

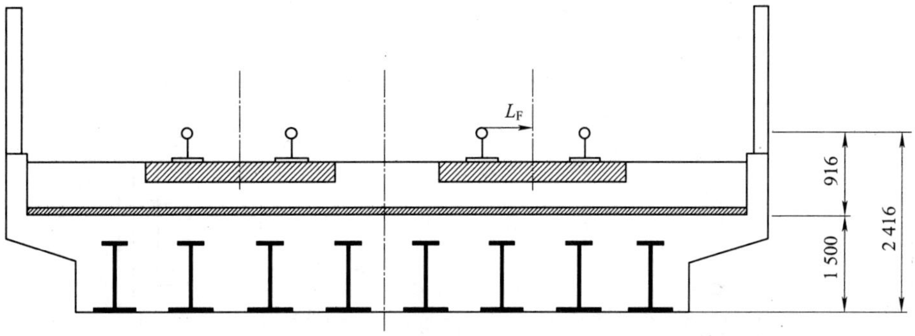


3.1.3.2 横向风力

○ 有车时,依据《桥规》4.4.1,“列车受风面积应按 3 m 高的长方带计算,其作用点在轨顶以上 2 m 高度处”。标准设计的风压强度 $W_1$ = $K_1$ × $K_2$ × 800 ≈ 1.25 kPa

风荷载示意图

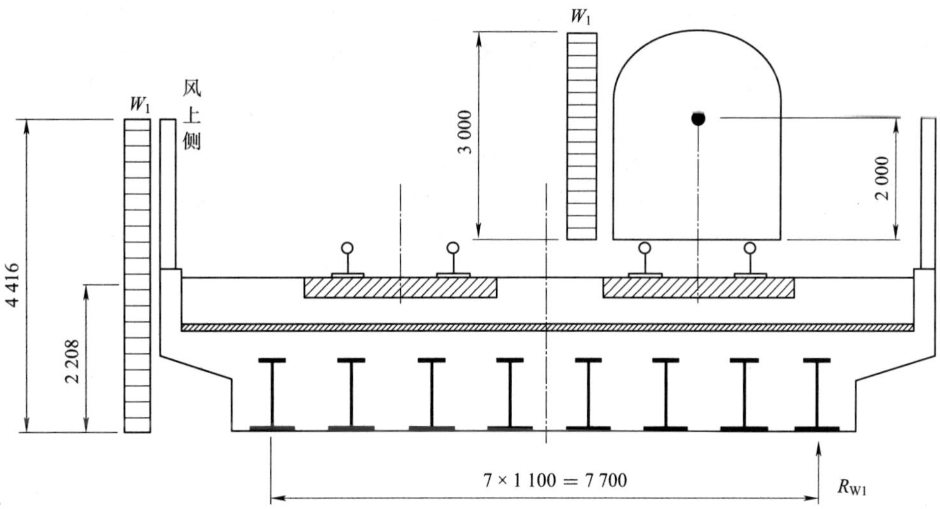

| | $H$ | | $W_1$ | | $L$ | | | | | $H_{W1}$ | $h$ | $M_{W1}$ |
|---|---|---|---|---|---|---|---|---|---|---|---|---|
| 风上侧 | 4.416 | × | 1.250 | × | 24.60 | / | 2 | 端 | = | 67.9 | 2.208 | 149.9 |
| 列车 | 3.000 | × | 1.250 | × | 24.60 | / | 2 | 端 | = | 46.1 | 4.416 | 203.7 |
| | | | | | | | | $H_{W1}$ | = | 114.0 | $M_{W1}$ = | 353.6 |

$R_{W1} = M_{W1} \times y / I = 353.6 \times 3.850 / 50.82 = 26.8$ kN/个

$H_{W1} = H_{W1} / n = 114.0$ kN/端 / 8 个 $= 14.3$ kN/个

○无车时,标准设计风压强度为 $W_2 = K_1 \times K_2 \times 1400 \approx 1.40$ kPa

当 $B = 10800$ mm $> H = 4416$ mm 时,应考虑风下侧风荷载。

风荷载示意图

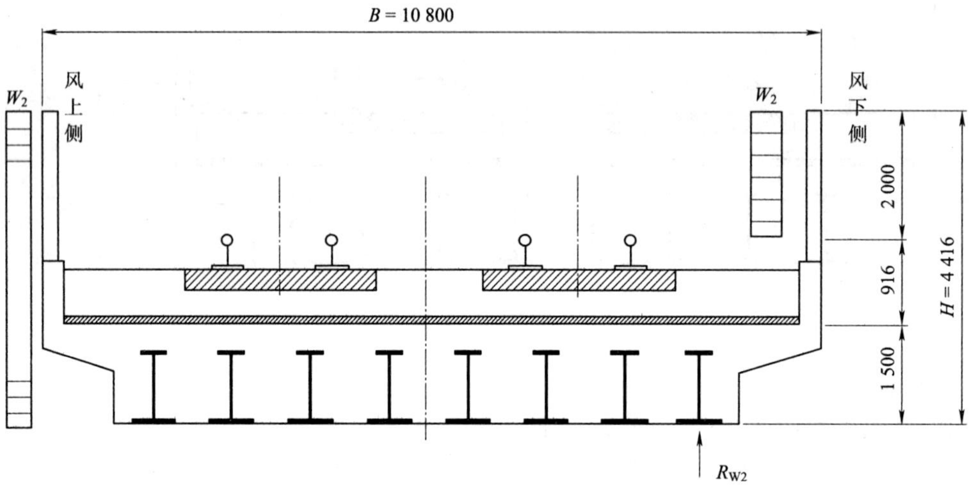


| | $H$ | | $W_2$ | | $L$ | | | | | $H_{W2}$ | $h$ | $M_{W2}$ |
|---|---|---|---|---|---|---|---|---|---|---|---|---|
| 风上侧 | 4.416 | × | 1.400 | × | 24.60 | / | 2 | 端 | = | 76.0 | 2.208 | 167.9 |
| 风下侧 | 2.000 | × | 1.400 | × | 24.60 | / | 2 | 端 | = | 34.4 | 3.416 | 117.6 |
| | | | | | | | | $H_{W2}$ | = | 110.5 | $M_{W2}$ = | 285.6 |

$R_{W2} = M_{W2} \times y / I = 285.6 \times 3.850 / 50.82 = 21.6$ kN/个

$H_{W2} = H_{W2} / n = 110.5$ kN/端 / 8 个 $= 13.8$ kN/个

3.1.3.3　地震力

依据《抗震》7.1.4,“当桥上有车时,横桥向计入50%活载引起的地震力,作用于轨顶以上2 m处,活载竖向力按列车竖向静活载的100%计算”。设计水平震度：$K_h$ ＝ 0.20

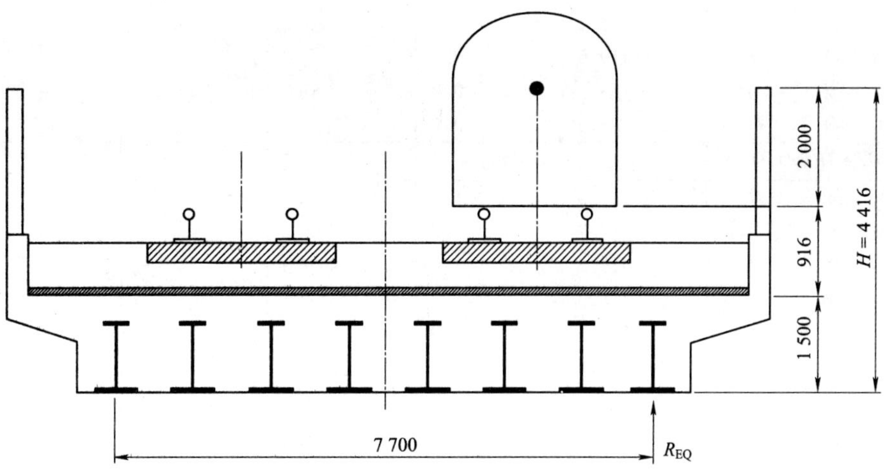


| | $R$ | | $K_h$ | | 系数 | | $H_{ED}$ | $h$ | $M_{ED}$ |
|---|---|---|---|---|---|---|---|---|---|
| 一期恒载 | 4 674.0 | × | 0.200 | × | 1.0 | = | 934.8 | 0.750 | 701.1 |
| 二期恒载 | 2 521.5 | × | 0.200 | × | 1.0 | = | 504.3 | 1.958 | 987.4 |
| 列车活载 | 1 517.4 | × | 0.200 | × | 50% | = | 151.7 | 3.416 | 518.3 |
| | | | | | $H_{ED}$ | = | 1 590.8 | $M_{ED}$ | = 2 206.9 |

$R_{ED}$ = $M_{ED}$ × $y$ / $I$ = 2 206.9 × 3.850 / 50.82 = 167.2 kN/个

$H_{ed}$ = $H_{ED}$ / $n$ = 1 590.8 kN/端 / 8 个 = 198.9 kN/个

反力汇总表(单个支座)　　[kN]

| 荷载类形 | | 符号 | 竖向反力 | | | 桥轴直角方向水平反力 | | |
|---|---|---|---|---|---|---|---|---|
| | | | 计算值 | 系数 | 设计值 | 计算值 | 系数 | 设计值 |
| 竖向反力 | 一期恒载 | $D_1$ | 584.3 | 1.0 | 584.3 | | | |
| | 二期恒载 | $D_2$ | 315.2 | 1.0 | 315.2 | | | |
| | 列车活载 | $L$ | 419.6 | 0.0 | 0.0 | | | |
| | 动力荷载 | $\mu$ | 58.3 | 0.0 | 0.0 | | | |
| | 地震影响 | $E_Q$ | 171.5 | 0.0 | 0.0 | | | |
| 恒载 $[D_1+D_2]/1.0$ | | | | | 899.5 | | | |
| 竖向反力 | 一期恒载 | $D_1$ | 584.3 | 1.0 | 584.3 | | | |
| | 二期恒载 | $D_2$ | 315.2 | 1.0 | 315.2 | | | |
| | 列车活载 | $L$ | 419.6 | 1.0 | 419.6 | | | |
| | 动力荷载 | $\mu$ | 58.3 | 1.0 | 58.3 | | | |
| | 地震影响 | $E_Q$ | 171.5 | 0.0 | 0.0 | | | |
| $[D_1+D_2+L+\mu]/1.0$ | | | | | 1 377.4 | | | |
| 竖向反力 | 一期恒载 | $D_1$ | 584.3 | 1.0 | 584.3 | | | |
| | 二期恒载 | $D_2$ | 315.2 | 1.0 | 315.2 | | | |
| | 列车活载 | $L$ | 419.6 | 1.0 | 419.6 | | | |
| | 动力荷载 | $\mu$ | 58.3 | 0.0 | 0.0 | | | |
| | 地震影响 | $E_Q$ | 171.5 | 1.0 | 171.5 | | | |
| $[D_1+D_2+L+E_Q$(竖直)$]/1.5$ | | | | | 993.7 | | | |
| 竖向反力 | 一期恒载 | $D_1$ | 584.3 | 1.0 | 584.3 | | | |
| | 二期恒载 | $D_2$ | 315.2 | 1.0 | 315.2 | | | |
| | 列车活载 | $L$ | 419.6 | 1.0 | 419.6 | | | |
| | 动力荷载 | $\mu$ | 58.3 | 1.0 | 58.3 | | | |
| | 地震影响 | $E_Q$ | 171.5 | 0.0 | 0.0 | | | |
| 桥轴直角 | 有车风力 | $W_1$ | 26.8 | 1.0 | 26.8 | 14.3 | 1.0 | 14.3 |
| | 无车风力 | $W_2$ | 21.6 | 0.0 | 0.0 | 13.8 | 0.0 | 0.0 |
| | 摇摆力 | $L_F$ | 4.8 | 0.0 | 0.0 | 12.5 | 0.0 | 0.0 |
| | 地震力 | $E_Q$ | 167.2 | 0.0 | 0.0 | 198.9 | 0.0 | 0.0 |
| $[D_1+D_2+L+\mu+W_1]/1.2$ | | | | | 1 170.2 | | | 11.9 |
| 竖向反力 | 一期恒载 | $D_1$ | 584.3 | 1.0 | 584.3 | | | |
| | 二期恒载 | $D_2$ | 315.2 | 1.0 | 315.2 | | | |
| | 列车活载 | $L$ | 419.6 | 1.0 | 419.6 | | | |
| | 动力荷载 | $\mu$ | 58.3 | 0.0 | 0.0 | | | |
| | 地震影响 | $E_Q$ | 171.5 | 0.0 | 0.0 | | | |
| 桥轴直角 | 有车风力 | $W_1$ | 26.8 | 0.0 | 0.0 | 14.3 | 0.0 | 0.0 |
| | 无车风力 | $W_2$ | 21.6 | 0.0 | 0.0 | 13.8 | 0.0 | 0.0 |
| | 摇摆力 | $L_F$ | 4.8 | 0.0 | 0.0 | 12.5 | 0.0 | 0.0 |
| | 地震力 | $E_Q$ | 167.2 | 1.0 | 167.2 | 198.9 | 1.0 | 198.9 |
| $[D_1+D_2+L+E_Q$(直角)$]/1.5$ | | | | | 990.9 | | | 132.9 |
| 竖向反力 | 一期恒载 | $D_1$ | 584.3 | 1.0 | 584.3 | | | |
| | 二期恒载 | $D_2$ | 315.2 | 1.0 | 315.2 | | | |
| | 列车活载 | $L$ | 419.6 | 1.0 | 419.6 | | | |
| | 动力荷载 | $\mu$ | 58.3 | 1.0 | 58.3 | | | |
| | 地震影响 | $E_Q$ | 171.5 | 0.0 | 0.0 | | | |
| 桥轴直角 | 有车风力 | $W_1$ | 26.8 | 0.0 | 0.0 | 14.3 | 0.0 | 0.0 |
| | 无车风力 | $W_2$ | 21.6 | 0.0 | 0.0 | 13.8 | 0.0 | 0.0 |
| | 摇摆力 | $L_F$ | 4.8 | 1.0 | 4.8 | 12.5 | 1.0 | 12.5 |
| | 地震力 | $E_Q$ | 167.2 | 0.0 | 0.0 | 198.9 | 0.0 | 0.0 |
| $[D_1+D_2+L+\mu+L_F]/1.0$ | | | | | 1 382.2 | | | 12.5 |

## 3.2 水平位移

3.2.1 温度变化引起的伸缩量

$$\Delta l_t = \Delta T \times \alpha \times L = \pm 20 \times 10 \times 10^{-6} \times 24\,000 = \pm 4.8 \text{ mm}$$

式中 $\Delta l_t$——温度变化引起全梁的伸缩量

$\Delta T$——温度变化范围 −5 ℃ ~ +35℃

$\alpha$——混凝土线膨胀系数 $10 \times 10^{-6}$/℃ 《桥规》4.4.4

$L$——跨度

3.2.2 混凝土干燥收缩引起的伸缩量

$$\Delta l_s = \varepsilon_{cs} \times L = -150 \times 10^{-6} \times 24\,000 = -3.6 \text{ mm}$$

式中 $\Delta l_s$——混凝土干燥收缩引起全梁的伸缩量

$\varepsilon_{cs}$——混凝土干燥收缩率 《桥规》4.4.5

整体灌注的钢筋混凝土板，相当于降低温度 15 ℃

$-15 \times 10 \times 10^{-6} = -150 \times 10^{-6}$

$L$——跨度

3.2.3 竖向荷载作用引起的伸缩量

$$\Delta l_\theta = 2 \times Y_t \times \theta$$

$$\theta = 3.2 \times \delta_{max} / L$$

式中 $\Delta l_\theta$——荷载作用下，全桥梁底面的移动量

$\theta$——竖直荷载作用下，支点处梁的转角

$\delta_{max}$——跨中挠度（一期荷载作用后的挠度参数，由 §2.5 刚度计算可得）

$Y_t$——支点处梁下翼缘板至中立轴的距离

$L$——跨度

钢梁截面特性

| | | | $A$ (mm$^2$) | $Y$ (mm) | $A \times Y$ (mm$^3$) |
|---|---|---|---|---|---|
| 8 − U. FLG | 400 × | 24 | 76 800 | 1 336 | 102 604 800 |
| 8 − Web | 1 290 × | 12 | 123 840 | 679 | 84 087 360 |
| 8 − L. FLG | 750 × | 34 | 204 000 | 17 | 3 468 000 |
| 合计 Σ | | | 404 640 | $Y_t$ = 469.9 | 190 160 160 |

竖向荷载作用引起的伸缩量

| | | $\delta_{max}$ (mm) | $\theta$ (rad) | $Y_t$ (mm) | $\Delta l_\theta$ (mm) |
|---|---|---|---|---|---|
| 一期荷载 | | 70.4 | 0.009 39 | 469.9 | 8.8 |
| 二期荷载 | | 18.8 | 0.002 51 | 514.4 | 2.6 |
| 复线有车 | | 17.1 | 0.002 28 | 514.4 | 2.3 |
| 动力荷载 | $\mu$ = 0.139 | 2.4 | 0.000 32 | 514.4 | 0.3 |
| 合计Σ | | 108.7 | 0.014 49 | | 14.0 |

3.2.4 长轨水平伸缩力引起的橡胶支座剪切变形

$$\Delta l_{LR} = H_{LR} \times h_o / (a \times b \times G) / n$$
$$= 688.8 \times 10^3 \times 48 / (400 \times 520 \times 0.80) / 16$$
$$= 12.4 \text{ mm}$$

式中 $H_{LR}$——全梁长轨水平伸缩力 688.8 kN
$h_o$——净橡胶层总厚 48 mm
$a$——橡胶支座桥轴方向边长 400 mm
$b$——橡胶支座桥轴直角方向边长 520 mm
$G$——橡胶的剪切弹性系数,短期荷载时 0.80 $N/mm^2$
$n$——全梁橡胶支座个数 16

3.2.5 桥轴方向水平地震力引起的橡胶支座剪切变形

$$\Delta l_{EQ} = H_{EQ} \times h_o / (a \times b \times G) / n$$
$$= 2878.2 \times 10^3 \times 48 / (400 \times 520 \times 0.80) / 16$$
$$= 51.9 \text{ mm}$$

式中 $H_{EQ}$——全梁桥轴方向水平地震力 2 878.2 kN
$h_o$——净橡胶层总厚 48 mm
$a$——橡胶支座桥轴方向边长 400 mm
$b$——橡胶支座桥轴直角方向边长 520 mm
$G$——橡胶的剪切弹性系数,短期荷载时 0.80 $N/mm^2$
$n$——全梁橡胶支座个数 16

3.2.6 地震时梁与下部工之间桥轴方向相对位移量

参照日本《复合》,一般地震时的全梁移动量依照下表取值

| 跨度(m) | $l \leq 15$ | $15 < l \leq 30$ | $l > 30$ |
|---|---|---|---|
| $\Delta l_e$(mm) | ±10 | ±20 | ±30 |

3.2.7 余量

依据桥梁规模,施工等条件,通常的全梁的余量为 ±10 mm

3.2.8 一个橡胶支座分担的水平位移汇总

[mm]

| 全梁温度变化 | 全梁干燥收缩 | 全梁荷载引起的伸缩量 | | | 橡胶支座剪切变形 | | 全梁预留量 | | 组合 |
|---|---|---|---|---|---|---|---|---|---|
| | | 恒载 | 活载 | 动力作用 | 长轨力 | 地震力 | 地震时 | 余量 | |
| $\Delta l_t$ | $\Delta l_s$ | $\Delta l_{\theta D}$ | $\Delta l_{\theta L}$ | $\Delta l_{\theta\mu}$ | $\Delta l_{LR}$ | $\Delta l_{EQ}$ | $\Delta l_e$ | $\Delta l_0$ | |
| 4.8 | -3.6 | 11.4 | 2.3 | 0.3 | 12.4 | 51.9 | 20.0 | 10.0 | |
| 0.5 | 0.5 | 0.5 | 0.5 | 0.5 | 1.0 | | | | 20.0 |
| -0.5 | 0.5 | 0.5 | 0.5 | 0.5 | 1.0 | | | | 15.2 |
| 0.5 | 0.5 | 0.5 | | | | 1.0 | 0.5 | | 68.2 |
| -0.5 | 0.5 | 0.5 | | | | 1.0 | 0.5 | | 63.4 |

注:两侧橡胶支座设定为半固定支点。防落梁装置分别为:固定端和活动端。

## 3.3 支座检算

板式橡胶支座平面尺寸　PL　400　×　520　×　52

平面示意图

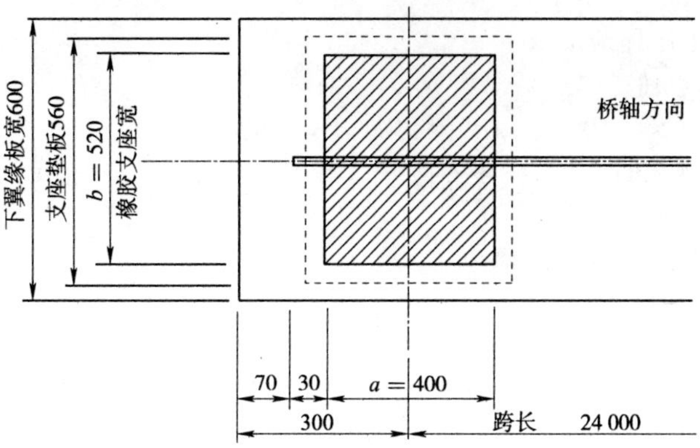


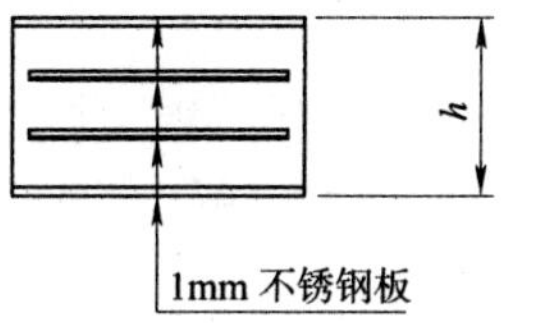


### 3.3.1 构造条件

| | | | | | | | | |
|---|---|---|---|---|---|---|---|---|
| 橡胶支座桥轴方向边长 | $a$ = | 400 | mm | > | $5\times\Sigma h$ = | 260 | mm | 《混桥》7.4.5 |
| 橡胶支座桥轴直角方向边长 | $b$ = | 520 | mm | > | $5\times\Sigma h$ = | 260 | mm | 《混桥》7.4.5 |
| 橡胶支座总厚度 | $\Sigma h$ = | 52 | mm | < | $a/5$ = | 80 | mm | 《混桥》7.3.6 |
| 每层橡胶厚 | $h_i$ = | 16 | mm | | | | | |
| 净橡胶层总厚 | $h_0$ = | 48 | mm | | | | | |
| 橡胶层数 | $n$ = | 3 | | | | | | |
| 橡胶支座受压弹性模量 | $E$ = | 420 | $N/mm^2$ | | | | | 《混桥》表 7.2.4－1 |
| 压缩应力最大值 | $[\sigma_{max}]$ = | 8.0 | $N/mm^2$ | | | | | 《混桥》7.3.6 |
| 压缩应力最小值 | $[\sigma_{min}]$ = | 2.0 | $N/mm^2$ | | | | | 《混桥》7.3.6 |
| 压缩应力振幅 | $[\sigma_{dr}]$ = | 6.5 | $N/mm^2$ | | | | | |

每层橡胶的形状系数

$$K_s = \frac{a \times b}{2 \times (a + b) \times h_i}$$

$$= \frac{400 \times 520}{2 \times (400 + 520) \times 16}$$

$$= 7.07 < 8.0$$

3.3.2　平均压缩应力

橡胶支座平均最大压缩应力

$$\sigma_{max} = R_{max} / (a \times b) = 1\,382.2 \times 10^3 / (400 \times 520) = 6.6\ \text{N/mm}^2 < [\sigma_{max}] = 8.0\ \text{N/mm}^2$$

橡胶支座平均最小压缩应力

$$\sigma_{min} = R_{min} / (a \times b) = 899.5 \times 10^3 / (400 \times 520) = 4.3\ \text{N/mm}^2 > [\sigma_{min}] = 2.0\ \text{N/mm}^2$$

橡胶支座平均最小压缩应力振幅

$$\sigma_m = \sigma_{max} - \sigma_{min} = 6.6 - 4.3 = 2.3\ \text{N/mm}^2 < [\sigma_{dr}] = 6.5\ \text{N/mm}^2$$

3.3.3　橡胶支座厚度检算

3.3.3.1　主力作用时（温度变化＋干燥收缩＋恒载＋活载＋动力作用＋长轨力）

$$h_0 = 48\ \text{mm} \geqslant \frac{\Delta l_t + \Delta l_s + \Delta l_{\theta D} + \Delta l_{\theta L} + \Delta l_{\theta\mu} + \Delta l_{LR}}{0.7} = \frac{20.0}{0.7} = 28.6\ \text{mm}$$

3.3.3.2　地震时（温度变化＋干燥收缩＋恒载＋地震＋地震预留量）

依据《抗震》7.1.4，“桥梁抗震检算，当桥上有车时，顺桥向不计活载引起的地震力”。所以地震力不与列车荷载组合。

$$h_0 = 48\ \text{mm} \geqslant \frac{\Delta l_t + \Delta l_s + \Delta l_{\theta D} + \Delta l_{EQ} + \Delta l_e}{2} = \frac{68.2}{2} = 34.1\ \text{mm}$$

3.3.4 橡胶支座的平均压缩变形量

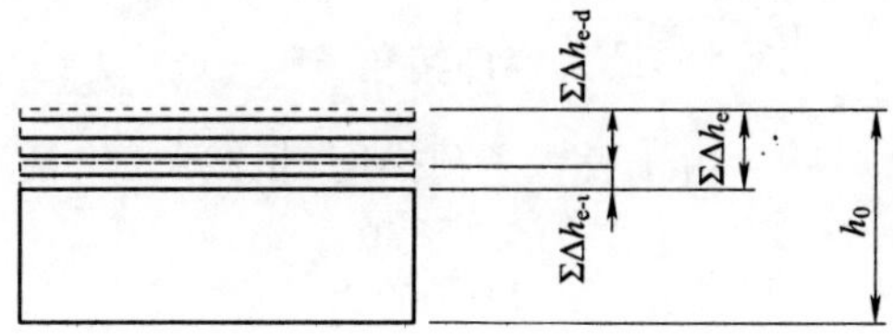


3.3.4.1 橡胶的平均压缩变形量 $\Sigma\Delta h_e$

$$\Sigma\Delta h_e = \frac{G \times K_S^2 + 400}{2000 \times G \times K_S^2} \times \sigma \times h_0$$

式中 $\Sigma\Delta h_e$——橡胶全层的平均压缩变形

$h_0$——净橡胶层总厚

$G$——橡胶的剪切弹性系数,通常恒载及活载时分别为 0.62 N/mm²,0.80 N/mm²

$\sigma$——设计竖向力引起的橡胶支座的平均压缩应力

恒载时的平均应力 4.3 N/mm²

活载时的平均应力 2.3 N/mm²

橡胶全层的平均压缩变形量

| 名　称 | $K_s$ | $G$(N/mm²) | $\sigma$(N/mm²) | $h_0$(mm) | $\Sigma\Delta h_e$(mm) |
|---|---|---|---|---|---|
| 恒　载 | 7.07 | 0.62 | 4.3 | 48.0 | 1.44 |
| 活载(含冲击) | 7.07 | 0.80 | 2.3 | 48.0 | 0.61 |
| $\Sigma\Delta h_e$ | | | | | 2.05 |

3.3.4.2 荷载挠度引起的竖向变形 $\Sigma\Delta h_e$

由于设置了预拱度(恒载 +1/2 活荷载),所以仅考虑 1/2 活荷载 + 动力荷载的挠度。

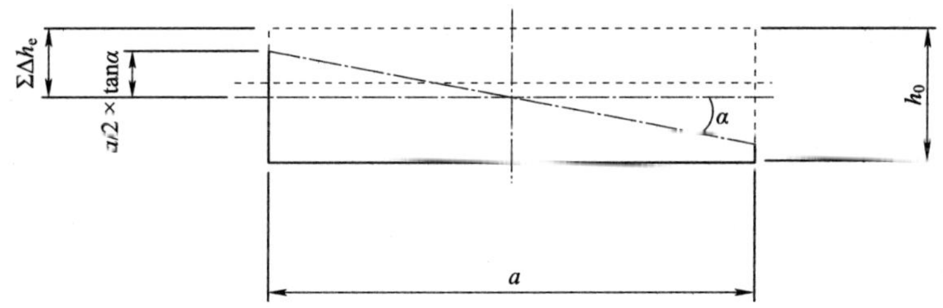


$\alpha$ = 0.00228 / 2 + 0.00032 = 0.00146 rad

$a/2 \times \tan\alpha$ = 400 / 2 × tan 0.00146 = 0.29 mm < $\Sigma\Delta h_e$ = 2.05 mm

3.3.4.3 支点的最大竖向变形

$\Sigma\Delta h_{e-max}$ = $\Sigma\Delta h_e$ + $a/2 \times \tan\alpha$

= 2.05 + 0.29

= 2.34 mm < 0.15 × $h_0$ = 0.15 × 48.0 = 7.20 mm

3.3.5 最大容许转角

由于设置了预拱度(恒载+1/2活荷载),所以仅考虑1/2活荷载+动力荷载的挠度。

| | | 活载 | | | | 动力荷载 | | | | |
|---|---|---|---|---|---|---|---|---|---|---|
| $\alpha$ | = | 0.00228 | / | 2 | + | 0.00032 | | | | |
| | = | 0.00146 | rad | = | 0.0835° | < | $[\theta]$ | = | 0.1630° | |

$\tan\theta = 4 \times \delta / a = 4 \times 0.28 / 400 = 0.0028$

$\delta = \sigma \times h / E = 2.3 \times 52 / 420 = 0.28$ mm

式中 $[\theta]$——支座最大容许转角(°) $[\theta] = 0.1630°$

$h$——橡胶支座总高度(mm) $h = 52$ mm

$a$——短边长度(mm) $a = 400$ mm

$E$——橡胶支座的受压弹性模量(MPa) $\because K_s = 7.07 \quad \therefore E = 420$ MPa

$\sigma$——橡胶支座压应力(MPa)

$\sigma = (419.6 + 58.3) \times 10^3 / (400 \times 520)$

$= 2.3$ MPa

3.3.6 最大容许剪切角 $\alpha$

$\tan\alpha = \Delta l / h_0$ 《混桥》7.3.6

$= [\Delta l_t + \Delta l_s + \Delta l_{\theta D} + \Delta l_{\theta L} + \Delta l_{\theta\mu} + \Delta l_{LR}] / h_0$

$= 20.0 / 48.0 = 0.42 < 0.7$

式中 $\Delta l$——由水平荷载产生的水平位移(mm);

$h_0$——橡胶支座净橡胶层的总厚度(mm)。

# §4 防落梁装置设计

前提:

1. 固定端,活动端的防落梁装置均采用方形空心型钢。
2. 地震时,建筑材料的容许应力修正系数参照《抗震》表 6. 1. 7—2。
3. 防落梁装置检算借鉴日本相关公式。
4. 支承部反力参照 §3. 1 支点反力计算结果。

**表 6. 1. 7—2　建筑材料的容许应力修正系数**

| 材料名称 | 应力类型 | 修正系数 |
|---|---|---|
| 混凝土、片石混凝土和石砌体 | 剪应力、弯曲拉应力 | 1. 0 |
| | 压应力 | 1. 5 |
| 钢　　材 | 剪应力、拉、压应力 | 1. 5 |

## 4. 1　水平反力

反力表(1 端)　　[kN]

| 荷载类型 | | 符　号 | 桥轴方向水平反力 | | | 桥轴直角方向水平反力 | | |
|---|---|---|---|---|---|---|---|---|
| | | | 计算值 | 系　数 | 设计值 | 计算值 | 系　数 | 设计值 |
| 桥轴方向 | 单线制动力 | $B_1$ | 267. 3 | 0. 0 | 0. 0 | | | |
| | 单线制动力 | $B_2$ | 187. 1 | 0. 0 | 0. 0 | | | |
| | 复线长轨力 | $L_R$ | 1082. 4 | 1. 0 | 1082. 4 | | | |
| | 地　震　力 | $E_Q$ | 2878. 2 | 1. 0 | 2878. 2 | | | |
| | 主力 + 地震力 | $L_R+E_Q$ | | | 3960. 6 | | | |
| | 单线制动力 | $B_1$ | 267. 3 | 1. 0 | 267. 3 | | | |
| | 单线制动力 | $B_2$ | 187. 1 | 0. 0 | 0. 0 | | | |
| | 复线长轨力 | $L_R$ | 1082. 4 | 1. 0 | 1082. 4 | | | |
| | 地　震　力 | $E_Q$ | 2878. 2 | 0. 0 | 0. 0 | | | |
| | 主力 + 附加力 | $L_R+B_1$ | | | 1349. 7 | | | |
| | 单线制动力 | $B_1$ | 267. 3 | 0. 0 | 0. 0 | | | |
| | 单线制动力 | $B_2$ | 187. 1 | 1. 0 | 187. 1 | | | |
| | 复线长轨力 | $L_R$ | 1082. 4 | 1. 0 | 1082. 4 | | | |
| | 地　震　力 | $E_Q$ | 2878. 2 | 0. 0 | 0. 0 | | | |
| | 主力 + 附加力 | $L_R+B_2$ | | | 1269. 5 | | | |
| 桥轴直角方向 | 有车风力 | $W_1$ | | | | 114. 0 | 0. 0 | 0. 0 |
| | 无车风力 | $W_2$ | | | | 110. 5 | 0. 0 | 0. 0 |
| | 摇　摆　力 | $L_F$ | | | | 100. 0 | 1. 0 | 100. 0 |
| | 地　震　力 | $E_Q$ | | | | 1590. 8 | 1. 0 | 1590. 8 |
| | 主力 + 地震力 | $L_F+E_Q$ | | | | | | 1690. 8 |
| | 有车风力 | $W_1$ | | | | 114. 0 | 1. 0 | 114. 0 |
| | 无车风力 | $W_2$ | | | | 110. 5 | 0. 0 | 0. 0 |
| | 摇　摆　力 | $L_F$ | | | | 100. 0 | 1. 0 | 100. 0 |
| | 地　震　力 | $E_Q$ | | | | 1590. 8 | 0. 0 | 0. 0 |
| | 主力 + 附加力 | $L_F+W_1$ | | | | | | 214. 0 |

## 4.2 固定端防落梁装置检算

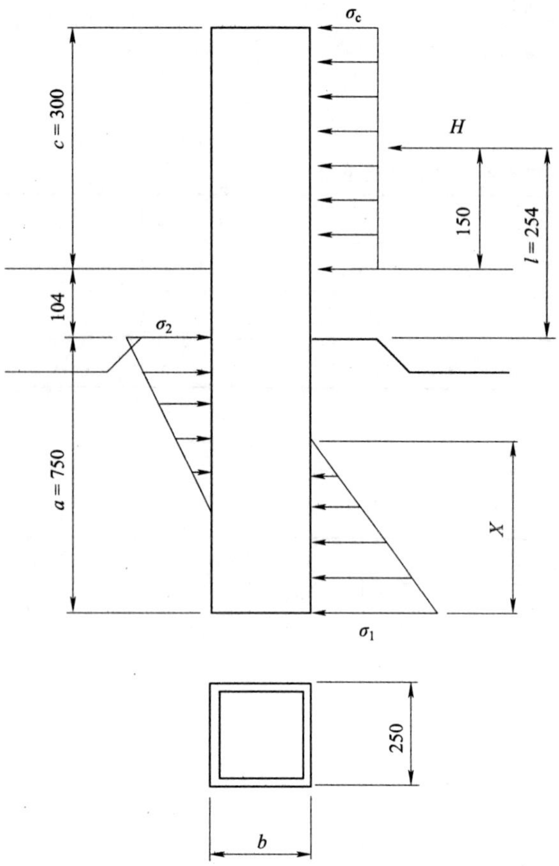


固定端防落梁装置材料：方形空心型钢

口 250 × 250 × 10

| | | | |
|---|---|---|---|
| 防落梁装置截面积 | $A$ | = | 9 170 mm$^2$ |
| 防落梁装置剪切面积 | $A_w$ | = | 4 600 mm$^2$ |
| 防落梁装置截面系数 | $W$ | = | 685 000 mm$^3$ |
| 埋入下部工的深度 | $a$ | = | 750 mm |
| 防落梁装置宽度 | $b$ | = | 250 mm |
| 伸入劲性梁的深度 | $c$ | = | 300 mm |
| 墩顶至梁内埋深度的一半 | $l$ | = | 254 mm |

钢材材质　　Q345c

弯曲容许应力

$[\sigma_w] = 210$ MPa

剪切容许应力

$[\tau] = 120$ MPa

钢筋混凝土　　C45

弯曲受压及偏心受压容许应力

$[\sigma_b] = 15.0$ MPa

平面图

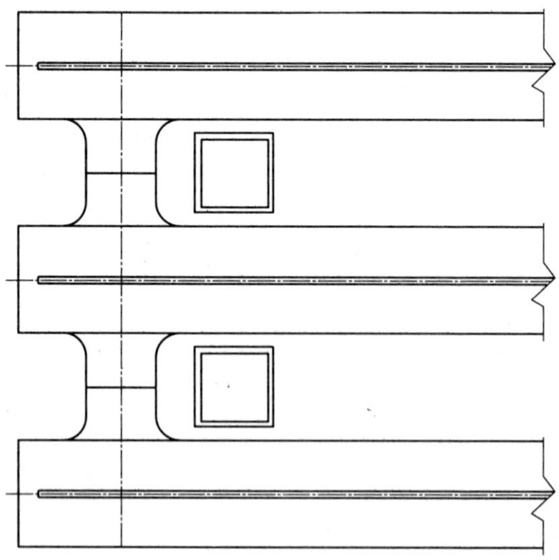

4.2.1 桥轴方向

荷载作用力：主力＋地震力 $H_s = H / n = 3960.6 / 7 = 565.8$ kN/个

(a) 劲性梁内混凝土支压应力

$$\sigma_c = \frac{H_s}{b \times c} = \frac{565.8 \times 10^3}{250 \times 300} = 7.5\ \mathrm{N/mm^2} < [\sigma_b] \times 1.5 = 15.0 \times 1.5 = 22.5\ \mathrm{N/mm^2}$$

(b) 桥墩混凝土支压应力

$$\sigma_1 = \frac{2 \times H_s}{a^2 \times b}(3 \times l + a) = \frac{2 \times 565.8 \times 10^3}{750^2 \times 250} \times (3 \times 254 + 750) = 12.2\ \mathrm{N/mm^2} < [\sigma_b] \times 1.5 = 15.0 \times 1.5 = 22.5\ \mathrm{N/mm^2}$$

$$\sigma_2 = \frac{2 \times H_s}{a^2 \times b}(3 \times l + 2 \times a) = \frac{2 \times 565.8 \times 10^3}{750^2 \times 250} \times (3 \times 254 + 2 \times 750) = 18.2\ \mathrm{N/mm^2} < [\sigma_b] \times 1.5 = 15.0 \times 1.5 = 22.5\ \mathrm{N/mm^2}$$

$$X = \frac{a \times (3 \times l + a)}{3 \times (2 \times l + a)} = \frac{750 \times (3 \times 254 + 750)}{3 \times (2 \times 254 + 750)} = \frac{1134000}{3774} = 300.5\ \mathrm{mm}$$

(c) 防落梁装置的弯曲应力

作用于防落梁装置本体的最大弯矩

$$M_{max} = \frac{4 \times H_s \times (3 \times l + a)^3}{27 \times (2 \times l + a)^2} = \frac{4 \times 565.8 \times (3 \times 254 + 750)^3 \times 10^{-3}}{27 \times (2 \times 254 + 750)^2} = \frac{7823089664}{42729228} = 183.1\ \mathrm{kN \cdot m}$$

$$\sigma_s = \frac{M_{max}}{W} = \frac{183.1 \times 10^6}{685000} = 267\ \mathrm{N/mm^2} < [\sigma_w] \times 1.5 = 210 \times 1.5 = 315\ \mathrm{N/mm^2}$$

(d) 防落梁装置的剪切应力

作用于防落梁装置本体的最大剪力

$$V_{\max} = \frac{H_s \times (3 \times l + a)^2}{3 \times a \times (2 \times l + a)}$$

$$= \frac{565.8 \times (3 \times 254 + 750)^2}{3 \times 750 \times (2 \times 254 + 750)}$$

$$= \frac{1293500275}{2830500}$$

$$= 457.0\ \text{kN}$$

$$\tau = \frac{V_{\max}}{A_w} = \frac{457.0 \times 10^3}{4600}$$

$$= 99\ \text{N/mm}^2 < [\tau] \times 1.5 = 120 \times 1.5 = 180\ \text{N/mm}^2$$

### 4.2.2 桥轴直角方向

桥轴直角方向的水平力小于桥轴方向水平力,故检算省略。

## 4.3 活动端防落梁装置检算

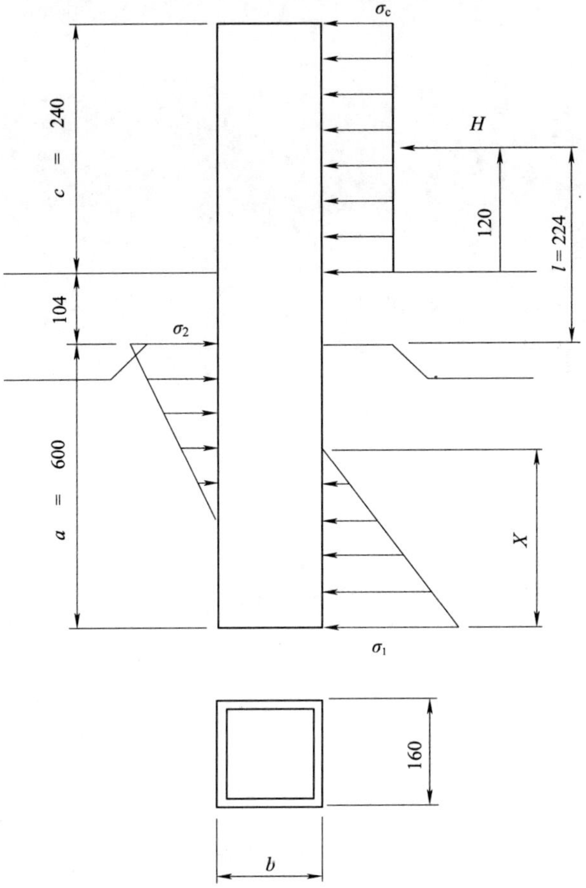


活动端防落梁装置材料：方形空心型钢

口 160 × 160 × 10

| | | | |
|---|---|---|---|
| 防落梁装置截面积 | $A$ | = | 5 570 mm² |
| 防落梁装置剪切面积 | $A_w$ | = | 2 800 mm² |
| 防落梁装置截面系数 | $W$ | = | 249 000 mm³ |
| 埋入下部工的深度 | $a$ | = | 600 mm |
| 防落梁装置宽度 | $b$ | = | 160 mm |
| 伸入劲性梁的深度 | $c$ | = | 240 mm |
| 墩顶至梁内埋深度的一半 | $l$ | = | 224 mm |

钢材材质　　Q345c

弯曲容许应力

$[\sigma_w] = 210$ MPa

剪切容许应力

$[\tau] = 120$ MPa

钢筋混凝土　　C45

弯曲受压及偏心受压容许应力

$[\sigma_b] = 15.0$ MPa

活动端防落梁装置仅承受桥轴直角方向水平力

$$H_s = H / n = 1690.8 / 7 = 241.5 \text{ kN/个}$$

(a) 劲性梁内混凝土支压应力

$$\sigma_c = \frac{H_s}{b \times c} = \frac{241.5 \times 10^3}{160 \times 240} = 6.3 \text{ N/mm}^2 < [\sigma_b] \times 1.5 = 15.0 \times 1.5 = 22.5 \text{ N/mm}^2$$

(b) 桥墩混凝土支压应力

$$\sigma_1 = \frac{2 \times H_s}{a^2 \times b}(3 \times l + a) = \frac{2 \times 241.5 \times 10^3}{600^2 \times 160} \times (3 \times 224 + 600) = 10.7 \text{ N/mm}^2 < [\sigma_b] \times 1.5 = 15.0 \times 1.5 = 22.5 \text{ N/mm}^2$$

$$\sigma_2 = \frac{2 \times H_s}{a^2 \times b}(3 \times l + 2 \times a) = \frac{2 \times 241.5 \times 10^3}{600^2 \times 160} \times (3 \times 224 + 2 \times 600) = 15.7 \text{ N/mm}^2 < [\sigma_b] \times 1.5 = 15.0 \times 1.5 = 22.5 \text{ N/mm}^2$$

$$X = \frac{a \times (3 \times l + a)}{3 \times (2 \times l + a)}$$

$$= \frac{600 \times (3 \times 224 + 600)}{3 \times (2 \times 224 + 600)}$$

$$= \frac{763200}{3144} = 242.7 \text{ mm}$$

(c) 防落梁装置的弯曲应力

作用于防落梁装置本体的最大弯矩

$$M_{max} = \frac{4 \times H_s \times (3 \times l + a)^3}{27 \times (2 \times l + a)^2}$$

$$= \frac{4 \times 241.5 \times (3 \times 224 + 600)^3 \times 10^{-3}}{27 \times (2 \times 224 + 600)^2}$$

$$= \frac{1988453889}{29654208}$$

$$= 67.1 \text{ kN} \cdot \text{m}$$

$$\sigma_s = \frac{M_{max}}{W} = \frac{67.1 \times 10^6}{249000}$$

$$= 269 \text{ N/mm}^2 < [\sigma_w] \times 1.5 = 210 \times 1.5 = 315 \text{ N/mm}^2$$

(d) 防落梁装置的剪切应力

作用于防落梁装置本体的最大剪力

$$V_{max} = \frac{H_s \times (3 \times l + a)^2}{3 \times a \times (2 \times l + a)}$$

$$= \frac{241.5 \times (3 \times 224 + 600)^2}{3 \times 600 \times (2 \times 224 + 600)}$$

$$= \frac{390812478}{1886400}$$

$$= 207.2 \text{ kN}$$

$$\tau = \frac{V_{max}}{A_w} = \frac{207.2 \times 10^3}{2800}$$

$$= 74 \text{ N/mm}^2 < [\tau] \times 1.5 = 120 \times 1.5 = 180 \text{ N/mm}^2$$

# 附录

# 劲性梁设计资料汇总表

[铁路连续劲性梁]

| No | 结构尺寸 | | | | | | | 轨道构造 | | | 工程数量 | | | | | 设计年代 | 备注 |
|---|---|---|---|---|---|---|---|---|---|---|---|---|---|---|---|---|---|
| | 跨度 | 梁高 | 轨底～梁最下端 | 高跨比 | 桥面宽 | 梁宽 | H形钢 | 列车活载 | 线路数量 | 轨道类别 | 钢材 | 钢筋 | 混凝土体积 | 单位钢重 | 配筋率 | | |
| | m | m | m | | m | m | 片 | | | | tf | tf | $m^3$ | tf/m | tf/$m^3$ | | |
| 1 | 14.5+21.5+17.3 | 0.85 | 1.430 | 1/25 | 9.80 | 7.60 | 8 | KS—16 | 2 | 道砟 | 104.4 | 18.5 | 369 | 1.96 | 0.050 | 1982 | 东海道本线　稻沢街道 Bv |
| 2 | 11.8+15.4+12.7 | 0.64 | 1.170 | 1/24 | 9.91 | 7.50 | 8 | KS—16 | 2 | 道砟 | 61.4 | 14.0 | 216 | 1.54 | 0.065 | 1982 | 东海道本线　一色道 Bv |
| 3 | 18.9+20.5 | 0.80 | 1.420 | 1/26 | 11.30 | 8.30 | 8 | NP | 2 | 道床 | 92.6 | 15.9 | 295 | 2.35 | 0.054 | 1982 | 东北新干线　第一铃谷 Bv |
| 4 | 17.9+21.5 | 0.80 | 1.430 | 1/27 | 5.42 | 3.40 | 4 | K—12 S—16 | 1 | 道床 | 46.5 | 8.0 | 129 | 1.18 | 0.062 | 1982 | 通勤新线　第一铃谷 Bv |
| 5 | 31.0+43.0+20.8 | 1.45 | 2.110 | 1/30 | 11.30 | 8.75 | 8 | NP | 2 | 道床 | 477.0 | 42.1 | 1179 | 5.03 | 0.036 | 1983 | 东北新干线　第一武藏野 Bv |
| 6 | 20.4+41.0+34.0 | 1.45 | 2.130 | 1/28 | 5.40 | 3.60 | 4 | K—12 S—16 | 1 | 道床 | 222.6 | 20.2 | 510 | 2.33 | 0.040 | 1983 | 通勤新线　第一武藏野 Bv |
| 7 | 20.4+40.0+27.1 | 1.45 | 2.040 | 1/28 | 9.55 | 6.50 | 6 | K—12 S—16 | 2 | 道床 | 330.7 | 32.1 | 859 | 3.78 | 0.037 | 1983 | 通勤新线　第一武藏野 Bv |
| 8 | 42.8+31.7+13.5 | 1.65 | 2.270 | 1/26 | 5.78 | 3.90 | 4 | K—12 S—16 | 1 | 道床 | 233.8 | 20.0 | 597 | 2.66 | 0.034 | 1983 | 通勤新线　第一武藏野 Bv |
| 9 | 29.8+31.0+29.8 | 1.10 | 1.630 | 1/28 | 9.65 | 7.00 | 6 | KS—16 | 2 | 道砟 | 273.0 | 30.1 | 747 | 3.01 | 0.040 | 1983 | 鹿儿岛本线　板掘川 B |
| 10 | 26.7+31.0+26.7 | 1.10 | 1.630 | 1/28 | 9.95 | 7.00 | 6 | KS—16 | 2 | 道砟 | 226.2 | 28.6 | 705 | 2.68 | 0.041 | 1983 | 鹿儿岛本线　板掘川 B |
| 11 | 23.7+31+23.7 | 1.10 | 1.510 | 1/28 | 5.90 | 3.70 | 3 | KS—14 | 1 | 道砟 | 97.7 | 15.6 | 377 | 1.25 | 0.041 | 1983 | 鹿儿岛本线　板掘川 B |
| 12 | 14.9+14.9 | 0.68 | 1.210 | 1/22 | 4.86 | 3.10 | 4 | KS—16 | 1 | 道砟 | 29.1 | 4.7 | 74 | 0.98 | 0.064 | 1983 | 山阳本线　东竹田 Bv |
| 13 | 18.3+18.3 | 0.67 | 1.080 | 1/27 | 5.15 | 3.20 | 4 | KS—16 | 1 | 道砟 | 36.0 | 6.6 | 102 | 0.98 | 0.065 | 1984 | 佐世保线　高桥川 |
| 14 | 16.1+16.5+16.5+16.1 | 0.71 | 1.170 | 1/23 | 9.46 | 6.20 | 6 | KS—16 | 2 | 道砟 | 98.8 | 18.5 | 351 | 1.52 | 0.053 | 1984 | 纪势本线　池川·亀川街道 Bv |
| 15 | 13.6+13.6 | 0.60 | 1.160 | 1/23 | 9.80 | 7.60 | 7 | KS—16 | 2 | 道砟 | 42.4 | 8.1 | 140 | 1.56 | 0.058 | 1984 | 东海道本线　一宫春日井 Bv |
| 16 | 16.7+16.7 | 0.73 | 1.220 | 1/23 | 9.40 | 6.80 | 8 | KS—16 | 2 | 道砟 | 56.4 | 10.0 | 194 | 1.69 | 0.052 | 1985 | 日丰本线　贯穿 B |
| 17 | 44.4+40.4 | 1.65<br>2.27 | 2.185 | 1/27 | 11.20 | 8.40<br>(1.6) | 6 | P—16 | 2 | 道砟 | 462.2 | 69.1 | 1111 | 5.45 | 0.062 | 1993 | 北陆新干线　眼镜桥 |
| 18 | 17.621+34.0+17.63 | 1.00<br>1.50 | 1.423 | 1/34 | 5.52 | 3.70<br>(1.1) | 3 | EA—17 | 1 | 道床 | 150.6 | 29.1 | 362 | 2.17 | 0.080 | 2002 | 四国旅客铁道　高知站附近　☆ |
| 19 | 32.5+32.5 | 1.10<br>1.60 | 1.689 | 1/30 | 9.60 | 5.90<br>(1.7) | 4 | 170 | 2 | 道砟 | 171.1 | 38.5 | 407 | 2.63 | 0.095 | 2001 | 小田急线　海老名～厚木间高架桥 |
| 20 | 49.05+30.7+29.4 | 1.42<br>2.02 | 2.259<br>2.865 | 1/35 | 11.30 | 8.40<br>(1.2) | 8 | P—16<br>M—18 | 2 | 道砟 | 604.0 | 91.5 | 1655 | 5.53 | 0.055 | 2001 | 九州新干线　水无川 |
| 21 | 19.2+35.0+19.2 | 1.45 | 1.966 | 1/24 | 11.30 | 8.40<br>(1.2) | 8 | P—16<br>M—18 | 2 | 道砟 | 287.3 | 52.0 | 847 | 3.91 | 0.061 | 2001 | 九州新干线　第2宫地 |
| 22 | 18.2+22.0+19.2 | 0.78 | 1.448 | 1/28 | 11.30 | 8.40<br>(1.2) | 8 | P—16<br>M—18 | 2 | 道砟 | 152.9 | 38.4 | 480 | 2.57 | 0.080 | 2001 | 九州新干线　第3宫地　☆ |
| 23 | 16.2+15.5 | 0.68 | 1.283 | 1/24 | 5.10 | 3.20<br>(1.1) | 3 | EA—17 | 1 | 道床 | 37.2 | 5.7 | 93 | 1.17 | 0.061 | 2005 | JR 东海　蒲郡高架 |
| 24 | 41.6+39.6 | 1.10<br>1.90 | 2.348 | 1/38 | 11.20 | 8.80<br>(1.6) | 6 | P—16 | 2 | 道床 | 288.6 | 37.3 | 590 | 3.55 | 0.063 | 1994 | 北陆新干线　犀川 B |

| No | 结构尺寸 | | | | | | | 轨道构造 | | | 工程数量 | | | | | 设计年代 | 备注 |
|---|---|---|---|---|---|---|---|---|---|---|---|---|---|---|---|---|---|
| | 跨度 | 梁高 | 轨底～梁最下端 | 高跨比 | 桥面宽 | 梁宽 | H 形钢 | 列车活载 | 线路数量 | 轨道类别 | 钢材 | 钢筋 | 混凝土体积 | 单位钢重 | 配筋率 | | |
| | m | m | m | | m | m | 片 | | | | tf | tf | $m^3$ | tf/m | tf/$m^3$ | | |
| 1 | 21.200 | 1.400 | 1.730 | 1/15 | 9.32 | 7.70 | 6 | KS—18 | 2 | 道床 | 50.3 | 8.7 | 185 | 2.37 | 0.047 | 1980 | 山阳本线 宫浦第一 Bv |
| 2 | 24.200 | 1.270 | 1.790 | 1/19 | 4.74 | 3.60 | 4 | KS—16 | 1 | 道床 | 43.4 | 4.6 | 119 | 1.79 | 0.039 | 1980 | 山阳本线 惠下谷 Bv |
| 3 | 17.000 | 1.100 | 1.660 | 1/15 | 8.98 | 7.00 | 7 | KS—18 | 2 | 道砟 | 36.5 | 6.1 | 125 | 2.15 | 0.049 | 1980 | 东海道本线 稻荷 Bv |
| 4 | 17.030 | 1.100 | 1.660 | 1/15 | 5.78 | 3.80 | 4 | KS—18 | 1 | 道砟 | 20.7 | 4.0 | 70 | 1.22 | 0.057 | 1980 | 东海道本线 稻荷 Bv |
| 5 | 13.000 | 0.800 | 1.370 | 1/16 | 5.24 | 3.80 | 4 | KS—18 | 1 | 道砟 | 11.5 | 2.6 | 45 | 0.88 | 0.058 | 1981 | 东海道本线 和平通 Bv |
| 6 | 13.000 | 0.800 | 1.370 | 1/16 | 9.53 | 8.25 | 8 | KS—18 | 2 | 道砟 | 23.2 | 4.4 | 92 | 1.78 | 0.048 | 1981 | 东海道本线 和平通 Bv |
| 7 | 24.500 | 1.300 | 1.850 | 1/19 | 4.75 | 3.00 | 3 | KS—16 | 1 | 道砟 | 42.7 | 6.3 | 106 | 1.74 | 0.059 | 1982 | 福知山线 宗谷川 B |
| 8 | 15.800 | 0.750 | 1.500 | 1/21 | 4.85 | 3.60 | 4 | KS—16 | 1 | 道砟 | 16.7 | 2.8 | 57 | 1.06 | 0.049 | 1982 | 北陆本线 第一莲池 Bv |
| 9 | 14.200 | 0.750 | 1.520 | 1/19 | 3.30 | 2.70 | 3 | KS—16 | 1 | 道砟 | 11.8 | 1.6 | 36 | 0.83 | 0.044 | 1982 | 北陆本线 第一莲池 Bv |
| 10 | 20.300 | 1.000 | 1.560 | 1/20 | 9.95 | 7.80 | 8 | KS—16 | 2 | 道砟 | 55.9 | 6.8 | 168 | 2.75 | 0.040 | 1982 | 东海道本线 梅ケ崎街道 Bv |
| 11 | 13.800 | 0.750 | 1.320 | 1/18 | 10.32 | 8.10 | 8 | KS—16 | 2 | 道砟 | 27.7 | 5.1 | 94 | 2.01 | 0.054 | 1982 | 东海道本线 津岛街道 Bv |
| 12 | 15.200 | 0.800 | 1.340 | 1/19 | 10.00 | 7.60 | 8 | KS—16 | 2 | 道砟 | 29.4 | 5.2 | 104 | 1.93 | 0.050 | 1982 | 东海道本线 上本町 Bv |
| 13 | 13.700 | 0.700 | 1.240 | 1/20 | 9.80 | 7.60 | 8 | KS—16 | 2 | 道砟 | 26.0 | 5.1 | 82 | 1.90 | 0.062 | 1982 | 东海道本线 有合 Bv |
| 14 | 26.100 | 1.020 | 1.510 | 1/26 | 5.15 | 3.83 | 3 | KS—16 | 1 | 道砟 | 53.2 | 4.5 | 100 | 2.04 | 0.045 | 1982 | 福知山线 山田川 B |
| 15 | 19.400 | 1.000 | 1.550 | 1/19 | 4.71 | 3.40 | 4 | KS—16 | 1 | 道砟 | 25.1 | 2.5 | 77 | 1.29 | 0.032 | 1983 | 福知山线 葱川 Bl |
| 16 | 19.400 | 1.000 | 1.550 | 1/19 | 5.75 | 3.50 | 4 | KS—16 | 1 | 道砟 | 31.2 | 3.4 | 82 | 1.61 | 0.041 | 1983 | 福知山线 阿草川 B |
| 17 | 18.530 | 0.800 | 1.280 | 1/23 | 4.90 | 3.50 | 4 | KS—16 | 1 | 道砟 | 22.9 | 3.0 | 62 | 1.24 | 0.048 | 1983 | 北陆本线 西掘川 Bv |
| 18 | 18.790 | 0.800 | 1.280 | 1/23 | 5.90 | 4.00 | 4 | KS—16 | 1 | 道砟 | 26.6 | 3.4 | 74 | 1.42 | 0.046 | 1983 | 北陆本线 西掘川 Bv |
| 19 | 17.280 | 0.660 | 1.110 | 1/26 | 9.74 | 8.00 | 8 | KS—16 | 2 | 道砟 | 42.9 | 5.9 | 100 | 2.48 | 0.059 | 1983 | 东海道本线 论田川 B |
| 20 | 18.360 | 0.860 | 1.410 | 1/21 | 9.82 | 7.40 | 8 | KS—16 | 2 | 道砟 | 45.2 | 5.2 | 126 | 2.46 | 0.041 | 1983 | 山阳本线 竹田 Bv |
| 21 | 24.270 | 1.030 | 1.710 | 1/24 | 11.30 | 8.05 | 8 | NP | 2 | 道床 | 89.4 | 4.2 | 227 | 3.68 | 0.019 | 1984 | 东北新干线 舟渡 Bl |
| 22 | 39.080 | 1.500 | 2.180 | 1/26 | 11.30 | 8.40 | 7 | NP | 2 | 道床 | 261.6 | 9.9 | 452 | 6.69 | 0.022 | 1984 | 东北新干线 舟渡 Bl |
| 23 | 26.250 | 1.040 | 1.630 | 1/25 | 6.10 | 3.45 | 4 | K—12 S—16 | 1 | 道床 | 53.4 | 2.3 | 117 | 2.03 | 0.020 | 1984 | 通勤别线 舟渡 Bl |
| 24 | 29.110 | 1.140 | 1.730 | 1/26 | 10.20 | 6.90 | 7 | K—12 S—16 | 2 | 道床 | 118.0 | 7.2 | 214 | 4.05 | 0.034 | 1984 | 通勤别线 舟渡 Bl |
| 25 | 38.800 | 1.450 | 2.040 | 1/27 | 11.40 | 8.10 | 7 | K—12 S—16 | 2 | 道床 | 242.7 | 9.9 | 423 | 6.26 | 0.023 | 1984 | 通勤别线 舟渡 Bl |
| 26 | 24.260 | 1.100 | 1.640 | 1/22 | 4.60 | 3.20 | 3 | KS—16 | 1 | 道砟 | 37.9 | 4.1 | 99 | 1.56 | 0.041 | 1984 | 纪势本线 地藏 Bv |
| 27 | 22.260 | 1.100 | 1.650 | 1/20 | 4.70 | 3.20 | 3 | KS—16 | 1 | 道砟 | 29.1 | 3.7 | 91 | 1.31 | 0.041 | 1984 | 纪势本线 日方川 B |
| 28 | 20.260 | 1.100 | 1.650 | 1/18 | 4.67 | 3.20 | 3 | KS—16 | 1 | 道砟 | 27.6 | 3.4 | 83 | 1.36 | 0.041 | 1984 | 纪势本线 海南 Bv |

续上表

| No | 结构尺寸 | | | | | | | 轨道构造 | | | 工程数量 | | | | | 设计年代 | 备　注 |
|---|---|---|---|---|---|---|---|---|---|---|---|---|---|---|---|---|---|
| | 跨度 | 梁高 | 轨底～梁最下端 | 高跨比 | 桥面宽 | 梁宽 | H形钢 | 列车活载 | 线路数量 | 轨道类别 | 钢材 | 钢筋 | 混凝土体积 | 单位钢重 | 配筋率 | | |
| | m | m | m | | m | m | 片 | | | | tf | tf | $m^3$ | tf/m | tf/$m^3$ | | |
| 29 | 17.800 | 0.720 | 1.180 | 1/25 | 5.80 | 3.00 | 3 | KS—14 | 1 | 道砟 | 21.3 | 3.1 | 57 | 1.20 | 0.054 | 1984 | 筑　肥　线　第二元藏寺 B |
| 30 | 16.100 | 0.710 | 1.300 | 1/23 | 4.75 | 3.30 | 4 | KS—16 | 1 | 道砟 | 17.4 | 2.9 | 49 | 1.08 | 0.059 | 1984 | 信 越 本 线　云场川 B |
| 31 | 18.200 | 0.750 | 1.210 | 1/24 | 5.60 | 3.00 | 3 | KS—16 | 1 | 道砟 | 23.1 | 3.0 | 60 | 1.27 | 0.050 | 1985 | 长 崎 本 线　烧原川 B |
| 32 | 23.300 | 1.000 | 1.450 | 1/23 | 5.80 | 3.00 | 3 | KS—14 | 1 | 道砟 | 34.6 | 4.5 | 85 | 1.48 | 0.053 | 1985 | 德 岛 本 线　庄川 B |
| 33 | 24.300 | 1.100 | 1.639 | 1/22 | 6.30 | 4.00 | 3 | P—16 | 1 | 道床 | 45.0 | 11.9 | 119 | 1.85 | 0.100 | 1993 | 北 陆 新 干 线　入出区线桥梁 |
| 34 | 46.200 | 2.040 | 2.478 | 1/23 | 11.30 | 8.80 | 6 | P—16 | 2 | 道床 | 299.6 | 49.8 | 650 | 6.48 | 0.077 | 1993 | 北 陆 新 干 线　新川田 B |
| 35 | 15.360 | 1.000 | 1.397 | 1/15 | 5.52 | 3.70 | 3 | EA—17 | 1 | 道床 | 13.0 | 4.0 | 78 | 0.85 | 0.051 | 2003 | 四国旅客铁道　高知站 ☆ |
| 36 | 19.360 | 1.000 | 1.571 | 1/19 | 5.52 | 3.70 | 3 | EA—17 | 1 | 道床 | 22.2 | 6.0 | 102 | 1.15 | 0.059 | 2003 | 四国旅客铁道　高知站 ☆ |
| 37 | 22.280 | 0.900 | 0.900 | 1/25 | 11.26 | 8.70 | 6 | P—16 | 2 | 道砟 | 62.3 | 6.8 | 150 | 2.80 | 0.045 | | 北 陆 新 干 线　马井原 |
| 38 | 23.800 | 0.440 | 0.476 | 1/54 | 5.60 | 下承式 | 2 | EA—17 | 1 | 道床 | 41.9 | 6.8 | 67 | 1.76 | 0.102 | 1999 | 东日本旅客铁道　浦和・大宫间桥梁 ☆ |
| 39 | 18.800 | 0.890 | 1.468 | 1/21 | 9.50 | 7.00 | 7 | 4×P—16.5 | 2 | 道砟 | 41.3 | 6.2 | 143 | 2.20 | 0.044 | 2000 | 东京急行电铁　大井町 ☆ |
| 40 | 32.700 | 1.300 | 1.836 | 1/25 | 5.86 | 4.50 | 4 | 电 M—17 | 1 | 道床 | 66.4 | 17.0 | 199 | 2.03 | 0.085 | 2001 | 中部国际空港　联络线 ☆ |
| 41 | 13.300 | 0.820 | 1.228 | 1/16 | 9.59 | 6.53 | 6 | NLLD—17 | 2 | 道床 | 21.2 | 5.6 | 86 | 1.60 | 0.065 | 2006 | 相模铁道本线　星川第 4 架道桥 ☆ |
| 42 | 26.200 | 1.200 | 1.600 | 1/22 | 9.64 | 7.00 | 6 | NLLD—17 | 2 | 道床 | 66.9 | 19.5 | 193 | 2.55 | 0.101 | 2006 | 相模铁道本线　星川第 3 架道桥 ☆ |

[中国—铁路简支劲性梁试算]

| No | 结构尺寸 | | | | | | | 轨道构造 | | | 工程数量 | | | | | 备　注 |
|---|---|---|---|---|---|---|---|---|---|---|---|---|---|---|---|---|
| | 跨度 | 梁高 | 轨底～梁最下端 | 高跨比 | 桥面宽 | 梁宽 | H形钢 | 列车活载 | 线路数量 | 轨道类别 | 钢材 | 钢筋 | 混凝土体积 | 单位钢重 | 配筋率 | |
| | m | m | m | | m | m | 片 | | | | tf | tf | $m^3$ | tf/m | tf/$m^3$ | |
| 1 | 16.000 | 1.10 | 1.840 | 1/14.5 | 10.80 | 8.80 | 8 | 中—活载 | 2 | 道砟 | 33.0 | 5.0 | 150 | 2.06 | 0.030 | ○ |
| 2 | 20.000 | 1.35 | 2.090 | 1/14.8 | 10.80 | 8.80 | 8 | 中—活载 | 2 | 道砟 | 51.0 | 7.5 | 250 | 2.55 | 0.030 | ○ |
| 3 | 24.000 | 1.50 | 2.240 | 1/16 | 10.80 | 8.80 | 8 | 中—活载 | 2 | 道砟 | 80.0 | 10.0 | 330 | 3.33 | 0.031 | ○ |
| 4 | 32.000 | 2.00 | 2.740 | 1/16 | 10.80 | 8.80 | 8 | 中—活载 | 2 | 道砟 | 180.0 | 17.0 | 560 | 5.63 | 0.030 | ○ |

注：(1)表中☆记号为编者设计的铁路劲性梁，○为编者试算的中国铁路简支劲性梁。

(2)(　)内的值为 T 形梁下翼缘宽度。